AF493695

DE

L'AVENIR DE NOTRE SOCIÉTÉ.

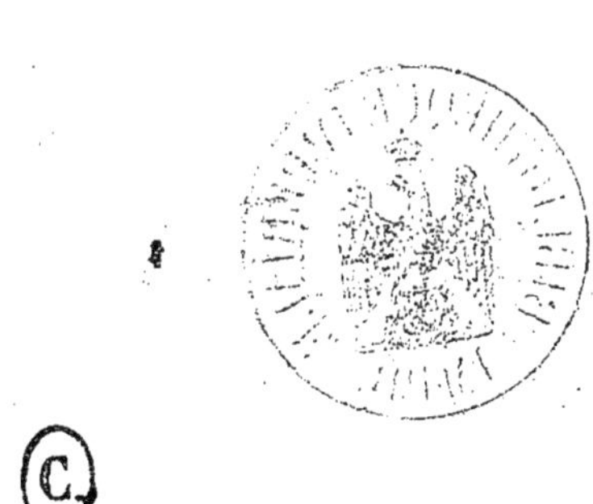

DE L'AVENIR

DE

NOTRE SOCIÉTÉ,

PAR

GOLDENBERG,

ANCIEN REPRÉSENTANT A L'ASSEMBLÉE LÉGISLATIVE.

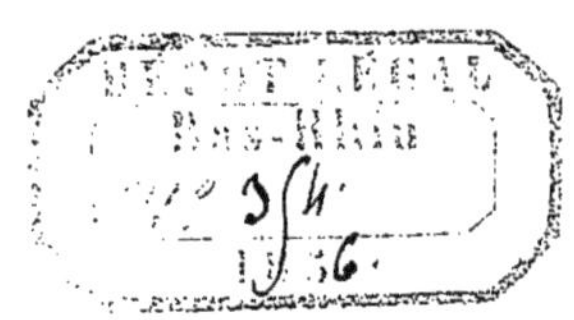

PARIS,

A LA LIBRAIRIE NOUVELLE, BOULEVARD DES ITALIENS, 15.

STRASBOURG,

CHEZ LES PRINCIPAUX LIBRAIRES.

1856.

STRASBOURG, TYPOGRAPHIE DE G. SILBERMANN.

INTRODUCTION.

Où allons-nous? Que deviendrons-nous? Quel sera l'avenir de notre société?

Ces questions ont préoccupé bien des esprits sérieux depuis 1848, et chacun cherche à les résoudre à son point de vue. Les uns nous disent: « Vous avez fait fausse route, vous vous êtes trop avancés, et vous vous perdrez infailliblement, si vous ne revenez sur vos pas, c'est-à-dire aux conditions sociales des siècles précédents. » Les autres, au contraire, s'écrient: « Vous n'avancez pas assez vite, voilà pourquoi vous avez été culbutés par les masses qui vous suivaient; les réformes les plus radicales dans vos mœurs et vos habitudes sont seules capables de sauver la société. »

Néanmoins, malgré les craintes des uns et les augures sinistres des autres, la société est restée debout et s'est raffermie, sans que nous ayons été obligés de reculer vers le régime féodal, ou de nous jeter dans des réformes extravagantes.

Cependant, pour ceux qui observent un peu attentivement les hommes et les choses, il est indubitable que le dernier mot de la constitution sociale n'est pas dit; que chaque jour il s'y produit des modifications importantes, et que nous marchons à grands pas, soit vers de nouvelles réformes ou vers de nouveaux bouleversements.

Examiner et méditer les réformes nécessaires et compatibles avec l'état actuel de la société afin d'éviter des bouleversements, voilà le problème que je me suis posé depuis près de huit ans : c'est le résultat de ces recherches que je me décide à publier aujourd'hui dans un cadre très-restreint, pour le soumettre au jugement et à l'appréciation de mes concitoyens.

Loin de moi la pensée de vouloir prédire l'avenir! Mais j'ai cherché à étudier les faits contemporains pour en déduire l'indication de la route que nous suivons ou dans laquelle nous nous sentons entraînés.

Cet examen, je l'ai fait avec la plus grande liberté d'esprit et la plus complète impartialité. Cela m'a été d'autant plus facile, que je n'ai jamais appartenu à aucune école, ni à aucun parti politique ; j'ai toujours eu assez de sentiment de justice pour accepter le bien, même proposé par mes adversaires ; et assez d'indépendance pour rejeter le mal, quoique présenté par mes amis. A la vérité, ce n'est pas le moyen d'acquérir de l'influence ou d'avoir des adhérents, mais on évite ainsi les opinions systématiques et les jugements trop absolus, si dangereux surtout en politique, où ce qui paraît vrai et juste la veille peut se montrer faux et mauvais le lendemain ; car il ne suffit pas qu'une idée soit bonne et avantageuse, il faut encore qu'elle arrive en temps opportun et qu'elle puisse se réaliser.

Bien des hommes veulent découvrir l'avenir par l'étude du passé ; ce système est bon si l'on se borne à l'observation des faits dépendant exclusivement des passions des hommes, de leurs vices ou de leurs vertus ; puisque, sauf quelques légères modifications, les bonnes ou les mauvaises passions humaines produisent presque toujours les mêmes effets, et il n'y a pour ainsi dire pas de page de l'histoire qui ne nous en fournisse la preuve.

Mais il n'en est plus de même, lorsqu'il s'agit des faits dépendant des connaissances générales des hommes, c'est-à-dire des progrès et du perfectionnement de l'esprit humain. Ces faits peuvent se produire, se modifier, se changer, et même disparaître complétement, par suite d'une découverte ou d'une invention nouvelle.

L'invention de *l'imprimerie* a été incontestablement une des plus belles et des plus utiles dans cet ordre d'idées. Elle nous permet, non-seulement de conserver les découvertes que nous faisons, mais encore d'en répandre la connaissance dans le monde entier, tandis qu'avant cette invention les découvertes les plus importantes restaient à peu près ignorées, se perdaient facilement ou n'étaient connues que d'un petit nombre de personnes, et par cela même avaient peu de chances d'être conservées pour la postérité.

Il n'en est plus de même aujourd'hui; les découvertes, les inventions les plus importantes comme les plus minimes sont décrites, imprimées et propagées dans tous les pays du globe, et, par suite de cette immense dispersion, il est impossible qu'elles puissent encore se perdre : si elles ne peuvent pas être utilisées directement, elles servent souvent à provoquer de nouvelles inventions, et toutes restent ainsi acquises irrévocablement à la société.

Je ne pense pas m'écarter de la vérité en disant : Les progrès de la civilisation ne reposent réellement sur une base solide que depuis que, par l'invention de l'imprimerie, les connaissances utiles peuvent se répandre dans toutes les classes de la société. Depuis cette époque nous voyons surgir à chaque instant ces nombreuses et prodigieuses découvertes que l'esprit le plus hardi n'aurait pas osé rêver auparavant.

Par ce qui précède, nous voyons combien certaines inventions peuvent exercer d'influence sur la vie sociale. Sachant qu'elles sont désormais à l'abri des malheurs individuels, des désastres de la guerre, et qu'elles ne peuvent plus périr qu'avec la société elle-même, il me semble possible de prévoir avec quelque certitude les effets de cette influence sur notre constitution sociale future par l'examen des faits qui se sont déjà produits et ceux qui se produisent encore journellement.

C'est ainsi que *l'application de la houille à la fabrication du fer* a contribué puissamment au développement de cette industrie qui nourrit aujourd'hui une population supérieure à celle de plus d'un royaume du continent.

Avant cette invention il fallait successivement restreindre la fabrication du fer à la production du bois de la localité, et comme le bois disparaissait davantage d'année en année, la fabrication du fer devenait de jour en jour plus précaire; elle était même sur le point de s'éteindre complétement en Angleterre, quoique ce pays possédât les mines les plus abondantes et les houillères les plus riches. Aujourd'hui l'Angleterre doit sa puissance et sa richesse en grande partie à cette invention.

Quelle immense influence *la découverte des applications de la vapeur* n'a-t-elle pas exercée sur les relations des peuples et le développement de leurs industries! De nos jours les bateaux à vapeur se trouvent sur tous les fleuves, sur tous les lacs, ils franchissent les mers avec une rapidité et une régularité merveilleuses, et nous permettent d'exporter nos produits et d'importer ceux des pays étrangers avec une facilité et une sécurité qui ont eu pour résultat de tripler et de quadrupler l'importance de nos relations avec les autres peuples.

Avant que la vapeur eût prêté *sa merveilleuse puissance à l'industrie*, celle-ci était réduite aux cours d'eau, dont les chutes manquaient souvent là où il aurait été avantageux d'établir des usines ou ne possédaient qu'une force insuffisante et irrégulière pour les besoins de la fabrication; aujourd'hui, moyennant les machines à vapeur, la production est illimitée; elle peut s'exercer partout où le prix du combustible n'est pas trop exorbitant; aussi nous avons vu, dans des localités favorablement situées, se former des centres de populations industrielles d'une importance prodigieuse qui ne pourraient exister sans le concours et l'usage des machines à vapeur.

Et quelle importante et admirable application

la vapeur n'a-t-elle pas reçue par l'établissement des *chemins de fer?* Dès maintenant nous pouvons déjà prévoir que les lignes de fer exerceront une influence immense et incalculable sur les destinées et le régime de la société humaine.

En voyant pour la première fois, en 1832, sur le chemin de Liverpool à Manchester, les immenses trains de bois de construction, d'animaux et de marchandises qui passaient avec une rapidité extraordinaire à côté de moi, je compris facilement que la question des frais de transport, d'une si grande importance alors pour les centres de production, deviendrait secondaire par la multiplication des voies de fer.

En effet, en 1846, lors de la grande cherté des subsistances, il y avait des milliers d'hectolitres de blé dans le midi de la France, tandis que les pauvres mouraient de faim dans les provinces du Nord et de l'Est, parce que les routes étaient impraticables par suite de la mauvaise saison. Malgré les louables efforts du gouvernement, qui employait les équipages de train à ses transports, les arrivages étaient très-faibles, et le blé, du prix de trente francs à Lyon, revenait jusqu'à cinquante francs en Lorraine et en Alsace. Aujourd'hui, avec la ligne de Lyon et celle de l'Est, les blés pourraient parvenir dans ces provinces par Paris, c'est-à-dire faire le double du trajet en ne coûtant que le quart des frais de transport. En outre, les arrivages n'éprouveraient non-seulement aucun retard ni aucune interruption, mais s'effectueraient encore dans un délai deux fois moindre et avec la plus grande régularité.

Aussi est-il hors de doute pour moi que l'établissement des chemins de fer est celle des inventions modernes qui est appelée à exercer la plus grande influence sur notre vie matérielle et intellectuelle. Non-seulement nous effectuons par cette voie les transports de toutes choses avec plus de vitesse et de régularité et à bien meilleur marché qu'auparavant, mais les hommes aussi y trouvent un moyen de locomotion plus prompt, plus commode et plus économique; les prix sont ou seront tellement réduits, que même les plus pauvres emploieront ce mode de voyager et arriveront dans ce cas aussi vite et presque aussi commodément que ne pourra le faire le plus riche.

Au contraire, avant l'établissement des chemins de fer le pauvre était obligé de marcher à pied ou de payer très-cher une mauvaise place sur un charriot ou dans une patache; il employait trois à quatre fois plus de temps à faire un certain trajet que le riche qui avait sa voiture à sa disposition, et certes à ce point de vue l'invention des voies ferrées est une des inventions les plus démocratiques. Ajoutons à cela les relations fréquentes et faciles que les chemins de fer établissent entre les divers peuples, l'échange d'idées, de connaissances et de mœurs qui en sont nécessairement la suite, et l'on conviendra que les chemins de fer, par l'épargne du temps, allongeront et doubleront même souvent la vie humaine et auront les plus heureuses conséquences pour la civilisation et le bien-être en général.

Les considérations qui précèdent ont déjà été énoncées tant de fois et par tant de personnes, qu'il est presque oiseux de les répéter; mais j'en ajouterai une nouvelle et des plus importantes (je le crois du moins), c'est l'influence heureuse et féconde que le développement des chemins de fer exercera sur *les grandes associations industrielles, commereiales et agricoles.*

Ce sont surtout les compagnies des chemins de fer qui ont montré la possibilité et les avantages des grandes associations. Grâce à l'immense publicité donnée à leurs opérations et au nombre considérable de leurs actionnaires, toutes les classes de la société se sont familiarisées avec ces vastes entreprises, et déjà nous voyons beaucoup de personnes intelligentes et entreprenantes en imiter l'organisation, en appliquant le système de fusion ou de larges associations à d'autres industries ou à d'autres opérations.

C'est ainsi que nous avons vu de nombreuses exploitations de houillères et plusieurs établissements métallurgiques se fusionner et former de grandes associations. Récemment encore quatorze forges de fer se sont réunies en une société au capital de 12 millions de francs, possédant une force de plus de 4000 chevaux-vapeur et produisant au delà de 30,000 tonnes de fonte et le fer. Nous avons vu se former la Société du crédit mobilier, dont le succès prodigieux est généralement connu, le crédit foncier, la fusion des omnibus et des voitures à Paris et à Londres, les Sociétés maritimes, de banque, des eaux, de l'éclairage, etc., etc.

Sans nul doute, la formation et la fusion de grandes associations se multiplieront davantage de jour en jour, et c'est là le but vers lequel nous marchons même forcément; car s'il y a des choses qui dépendent de la volonté humaine et que nous pouvons changer, modifier ou anéantir à notre gré, il y en a d'autres aussi qui sont indépendantes de notre volonté et en dehors de notre pouvoir. La Providence ne se sert de l'homme que comme d'un instrument pour les accomplir; et voudrait-il s'opposer à cet accomplissement, il ne le pourrait, car son opposition serait vaine et sa résistance infructueuse.

C'est ainsi que, malgré les oppositions les plus puissantes, l'invention de l'imprimerie s'est développée, a grandi et a jeté des racines impérissables. Il en est de même de la vapeur, des chemins de fer, de l'électricité et de tant d'autres inventions dont les résultats surprenants et imprévus nous montrent à chaque instant l'intervention d'une intelligence et d'une force surhumaines.

A leur tour, *les grandes associations* deviendront d'une nécessité absolue. Déjà maintenant nous reconnaissons une haute supériorité au travail divisé sur le travail individuel : Par la division du travail nos manufacturiers produisent beaucoup plus avantageusement, c'est-à-dire mieux et à meilleur marché que ne peut le faire celui qui est obligé de finir à lui seul un produit, pour l'achèvement duquel les fabriques emploient peut-peut-être dix à quinze ouvriers différents.

En outre, la manufacture, par sa plus grande production, trouve souvent avantage et facilité à remplacer le travail manuel par celui des machines, ce qui deviendrait onéreux ou impossible si l'on ne produisait que sur une petite échelle.

En ajoutant à ces avantages celui d'une administration généralement plus intelligente, en même temps que plus économique, il ne faut pas s'étonner de voir diminuer et disparaître peu à peu les petits ateliers, tandis que les manufactures s'agrandissent et se développent.

Mais il ne faut pas négliger de remarquer que cette transformation dans le travail entraîne nécessairement un changement dans la condition sociale d'une foule de travailleurs; ce changement est souvent très-considérable et mérite la plus grande attention de la part des hommes appelés à gouverner les peuples.

Effectivement, avant la création des grands établissements, l'ouvrier habile et honnête avait des chances presque certaines de devenir maître-ouvrier et même petit fabricant, et d'acquérir, dans l'un ou l'autre état, sinon une fortune, du moins de l'aisance; en outre, sa position était honorable et indépendante. Il n'en est plus ainsi dans les manufactures: le gain de l'ouvrier est généralement régulier, mais rarement assez fort pour qu'il puisse faire des épargnes de quelque importance; sa position est moins indépendante et peut-être moins digne, parce que son travail n'exige pas autant d'habileté et d'intelligence qu'aupararavant et parce qu'il dépend maintenant d'un seul chef, et d'un chef dont la volonté absolue peut lui enlever son travail, son gain et le réduire d'un moment à l'autre à la plus profonde misère; car souvent, par le grand éloignement de deux manufactures de la même industrie, il devient impossible à l'ouvrier de quitter sa localité.

Cette funeste situation peut se présenter par suite de la stagnation des affaires et sans qu'il y ait caprice ou mauvaise volonté de la part du manufacturier (ce qui doit être rarement le cas). A la vérité, lorsque l'ouvrier travaillait pour son compte, il était également exposé aux chômages, mais au moins avait-il alors la chance de s'indemniser de sa perte par un gain plus élevé, résultant de la reprise des affaires; aujourd'hui cette chance lui fait presque entièrement défaut.

Il me serait très-facile d'assombrir ce tableau; mais comme je n'écris pas pour passionner, mais pour éclairer, je me contente de dire ce qui me semble strictement nécessaire, afin de démontrer que les conditions actuelles sont loin d'être parfaites et qu'elles pourraient même devenir dangereuses si nous ne cherchions à les modifier.

Eh bien, d'après moi, cette modification se

trouvera *dans la création de grandes associations et dans la réunion ou la fusion des établissements existants,* et nulle part ailleurs; et je suis tout à fait convaincu que, quoi que nous fassions, nous y arriverons parce que la force des choses le veut ainsi. Aussi me serais-je dispensé d'écrire ces lignes, si je ne voyais pas deux chemins qui peuvent nous y conduire: l'un qui nous fait atteindre le but doucement, graduellement, et par cela même plus vite et plus avantageusement; l'autre, qui nous mène à l'aventure par sauts et par bonds, tantôt en avant, tantôt en arrière, et par conséquent d'une façon plus lente et plus pénible.

Je tâcherai d'indiquer le bon chemin autant que mes faibles moyens me le permettent; quant au mauvais, on y rentre toujours lorsqu'on quitte le premier.

Cette transformation des conditions de production s'opèrera aussi bien dans *l'agriculture* que dans *l'industrie,* et exercera en même temps une grande influence sur la vente ou le *commerce.* Je me bornerai dans cet écrit à ne traiter que ce qui a rapport à *la centralisation de l'industrie,* en cherchant à déterminer avec quelque précision son importance et son influence sur la constitution de la société en général.

LA

CENTRALISATION DE L'INDUSTRIE.

CHAPITRE Ier.

CONSIDÉRATIONS GÉNÉRALES.

Ainsi que je viens de le dire, les changements dans les conditions du travail sont inévitables; car, demander aux manufacturiers de renoncer à leurs usines, à leurs machines et à leurs moyens avantageux et économiques de productions, pour revenir au travail manuel imparfait et coûteux des ateliers isolés, c'est comme si l'on demandait aux paysans de jeter de côté la charrue et la herse, pour retourner la terre avec leurs mains ou avec un morceau de bois, comme cela se pratiquait dans les temps primitifs.

Par conséquent il faut en prendre notre parti; et nous pouvons le faire d'autant plus volontiers, que probablement par ce moyen, la Providence veut rapprocher les hommes, étendre la solidarité qui existe entre eux, les unir et les améliorer. Cette opinion est confirmée par ces paroles mémorables, qu'un prince placé près du trône a prononcées dans une circonstance solennelle: « Le problème de l'avenir est « de faire partager à l'universalité, ce qui n'est que «le partage du plus petit nombre.» Et ce rapprochement peut et doit avoir lieu par l'élévation des classes inférieures, sans abaissement des classes supérieures.

C'est peut-être ici le moment de réfuter cette assertion trop souvent répétée et malheureusement trop accréditée dans bien des esprits, savoir: qu'on ne peut élever les classes inférieures sans abaisser les classes supérieures. Mais si cela était, il faudrait presque douter de la réalité du progrès, car ce que d'un côté nous gagnerions en civilisation, nous le perdrions de l'autre, et nous nous tournerions dans un cercle très-vicieux. Aussi cela n'est pas! et bien au contraire, l'amélioration de la position des classes inférieures est intimement liée à celle des classes supérieures. En effet, si en bas le servage a fait place à la bourgeoisie, en haut la féodalité s'est transformée en noblesse, et certes personne ne niera, qu'en haut comme en bas, il y a eu progrès par suite de cette transformation sociale.

Cependant il se peut, il est même probable, que bien des nobles aient longtemps regretté la chute du régime féodal. Mais dans ce cas, il est permis de croire que ces regrets provenaient plutôt des mauvais que des bons sentiments de l'homme. Ceux d'entre les nobles qui déploraient la perte du pouvoir absolu et presque illimité des princes de la féodalité, dénotaient par là leur penchant pour la domination, l'arbitraire et la vanité. Ceux qui auraient voulu le maintien du droit du plus fort, éprouvaient sans doute peu de sympathie pour le droit de leurs semblables, et encore moins pour celui de leurs inférieurs. Enfin, ceux qui regrettaient de ne plus pouvoir se livrer à la vie de guerre et de brigandage de leurs ancêtres, ne devaient pas être animés d'un grand esprit de justice et d'humanité.

Donc, ce changement de condition, en contrariant et en comprimant les mauvaises passions de la féodalité, devait nécessairement développer et fortifier les bons et les beaux sentiments de la noblesse. Mais l'homme, non-seulement peut regretter qu'on mette des entraves à ses mauvaises dispositions d'esprit, il arrive même, qu'élevé subitement d'une position inférieure à une position supérieure, il n'apprécie pas au premier moment l'avantage de sa nouvelle condition, à laquelle il n'est pas habitué et dont il n'a pas encore compris toute la valeur. Et je croirais très-volontiers que, si certains nobles regrettaient la limitation de leurs pouvoirs, de même il pouvait y avoir des membres de la bourgeoisie qui n'attachaient aucune importance à l'extension de leurs droits, et cela peut-être par abrutissement, par manque d'énergie ou par servilité.

Il est donc évident pour moi que les hommes

appartenant aux deux classes de la société d'alors, ont tous par cette transformation, progressé en bien; leurs bons sentiments se sont développés, leur esprit a été cultivé, leur union est devenue plus intime; en un mot, la civilisation a grandi par leur rapprochement.

A la fin du siècle dernier, la bourgeoisie, se sentant gênée et arrêtée dans son développement intellectuel et matériel, comprimée et oppressée par les priviléges de la noblesse, les brisa violemment, et la société ne forma plus dès lors qu'une seule classe d'hommes; mais comme l'uniformité et l'égalité sont impossibles sur cette terre, il surgit bientôt de la bourgeoisie une aristocratie militaire, financière et industrielle.

L'aristocratie militaire, favorisée par une série de guerres formidables et longtemps des plus heureuses, se développa rapidement en gloire et en fortune. L'aristocratie financière se forma par les hommes les plus entreprenants ou les plus habiles, qui achetèrent à vil prix les biens nationaux dont la valeur augmenta considérablement dès que le gouvernement fut consolidé. Elle se grossit encore d'une foule de commerçants et de banquiers, qui dans ces temps d'incertitude et de revirements firent d'heureuses spéculations et acquirent souvent des fortunes colossales.

L'aristocratie industrielle fut plus lente à percer, quoique le système continental semblât la favoriser; il est certain que les guerres continuelles de l'empire et les ravages terribles qu'elles causaient parmi toute une génération, s'opposaient à la fondation et au développement des établissements, qui pour prospérer, demandent surtout beaucoup de sécurité et de confiance dans l'avenir.

Aussi l'industrie n'a-t-elle pris une forte extension en France que sous la restauration, à la faveur d'une bonne législation douanière et du rétablissement de la paix; dès lors ses chefs purent prendre rang à côté des aristocraties militaire, financière et nobiliaire, cette dernière s'étant trouvée reconstituée par l'indemnité d'un milliard qui lui avait été accordée.

Jusque-là l'industrie ne s'était développée sur une vaste échelle qu'en Angleterre, parce qu'elle y était protégée depuis deux siècles par des droits prohibitifs et qu'elle s'y exerçait en pleine sécurité, la guerre qui désolait constamment les États du continent, n'ayant jamais porté ses ravages sur le sol britannique. En outre, la loi n'obligeant pas les Anglais au service militaire, l'industrie y conservait ses travailleurs et pouvait s'y perfectionner et s'y étendre à l'aise. A cela il faut ajouter que par sa suprématie maritime, l'Angleterre était rarement gênée dans ses exportations ; au contraire la guerre les favorisait très-souvent.

Mais de 1815 à 1854, c'est-à-dire pendant une période de paix jusqu'ici sans exemple, l'industrie a progressé d'une manière prodigieuse, non-seulement en France, mais dans presque tous les pays de l'Europe. Aussi, grâce à cette grande activité industrielle, on a pu donner du travail aux bras disponibles, résultat d'un accroissement de population inouï, en comparaison de celui des siècles précédents.

Effectivement, dans les siècles antérieurs au nôtre, les corporations religieuses, les couvents, etc., mettaient beaucoup d'entraves au mariage, et l'accroissement de la population était bien moindre; il était surtout moindre dans les classes inférieures de la société, c'est-à-dire dans le prolétariat; car les prolétaires étaient alors bien plus malheureux qu'ils ne le sont aujourd'hui : l'armée recrutait parmi eux ses soldats, et comme la guerre était presque permanente en Europe, c'est dans le prolétariat qu'elle faisait les plus grands ravages. En outre l'aristocratie, au moyen de ses immenses revenus, entretenait une nombreuse domesticité, qu'elle prenait également parmi les prolétaires, et comme les domestiques restaient habituellement toute leur vie au service de leurs maîtres, les mariages étaient assez rares parmi eux. Aujourd'hui, au contraire, où l'état de domestique est très-précaire, hommes et femmes cherchent à se marier dès qu'ils le peuvent, pour se faire une position plus stable et plus indépendante. A cet effet, ils s'adressent à l'industrie, au commerce ou à l'agriculture, mais de préférence à l'industrie, car c'est elle incontestablement qui occupe le plus de prolétaires.

Lorsque les enfants du paysan s'aperçoivent, après le partage des terres de leurs parents, qu'il n'en reste plus assez pour pouvoir en vivre, ils viennent demander du travail à l'industrie; lorsque le commerçant, l'artisan ou des personnes exerçant d'autres états, se voient obligés de plier ou de céder devant la concurrence de jour en jour plus acharnée, et qu'ils ne trouvent plus de moyens d'existence suffisants, ils ont recours aux exploitations industrielles, qui, jusqu'ici, ont généralement pu satisfaire à toutes ces demandes, parce que l'industrie, par son immense développement et par l'énorme variété de travail et d'emplois dont elle dispose, est à même d'utiliser les facultés et les intelligences les plus variées.

En considérant maintenant l'extension toujours croissante du prolétariat et son influence sur la constitution sociale, nous voyons combien il est important pour la société tout entière, que l'œuvre de civilisation et d'amélioration sociale soit conduite à bonne fin. Malheureusement, les hommes ne s'aperçoivent ordinairement de l'erreur que lorsqu'elle est commise, et ne remarquent le mauvais chemin que lorsqu'ils y trébuchent et y tombent. Ils ne sont en outre que trop disposés à abuser de leurs succès, au lieu d'observer les règles d'une sage modération.

C'est ainsi que la féodalité est tombée, parce que, de protecteur du peuple, elle en était devenue l'oppresseur.

La noblesse a perdu ses priviléges et son pouvoir, parce qu'au lieu de continuer à donner l'exemple d'une vie active et d'une conduite sage, morale et irréprochable, elle s'est adonnée à l'oisiveté, a appauvri ses sujets en faisant de folles dépenses, et s'est aliéné l'estime du peuple par la légèreté de ses mœurs.

Voilà comment féodalité et noblesse, c'est-à-dire les barons de l'épée, après avoir gagné et mérité une haute position dans la société, l'ont perdue, le succès les ayant aveuglés jusqu'à en abuser.

En sera-t-il de même de nos grands manufacturiers, ou des « barons de l'Industrie, » comme on les appelle quelquefois? Je ne le pense pas; car la première et principale cause de la décadence, c'est l'oisiveté et la mollesse; or, dans l'industrie on ne peut s'y adonner, que sous peine de déclin et de mort, et ses chefs, pour conserver leur rang et leur fortune, sont forcés de déployer constamment la plus énergique activité et la plus grande intelligence.

Néanmoins, je crois que quelques conseils donnés à temps ne sont jamais superflus. Je conseillerai donc à tous les manufacturiers, petits et grands, de continuer à donner à leurs ouvriers l'exemple du travail et d'une bonne conduite, d'user de leur pouvoir sur leurs subordonnés avec une extrême modération et d'observer constamment à leur égard le plus grand esprit de justice et la plus parfaite convenance. Il n'y a rien qui aigrisse davantage le caractère d'un ouvrier, qu'une injustice de la part de ses chefs, et rien ne l'irrite plus profondément qu'une insulte ou une grossièreté à laquelle il ne peut répondre. Ne l'abaissez jamais! mais au contraire, cherchez toujours à l'élever et à l'améliorer; car le meilleur moyen de se faire aimer et respecter par ses ouvriers, c'est de les aimer et de les respecter soi-même. Inculquez également ces principes à vos employés et surveillez-les, pour qu'ils ne s'en écartent jamais, parce que le mal n'en serait que plus grave et plus dangereux.

Cependant, en considérant l'énorme différence qui existe entre les caractères et les tempéraments, en voyant que souvent par préoccupation, par inquiétude ou par d'autres causes, la meilleure volonté peut faire défaut, je me dis : il faut plus que de bonnes dispositions à l'égard des ouvriers, il convient de leur donner des *garanties*. Cette question et les considérations qui s'y rattachent, feront l'objet du chapitre suivant.

CHAPITRE II.

AVANTAGES QUE LES GRANDES ASSOCIATIONS DOIVENT PROCURER AUX OUVRIERS.

Si je demande des *garanties* pour les ouvriers, c'est que je vois que l'influence et le pouvoir des fabricants sur l'existence et les destinées de leurs ouvriers sont aujourd'hui immenses, et que le développement et la concentration de l'industrie ne pourront qu'augmenter cet ascendant dangereux. Aussi je crois qu'il est grandement temps de remédier à cet état de choses, afin de parer aux abus et aux malheurs qui pourraient en résulter.

Il me semble donc urgent que les fabricants cherchent à garantir la dignité et l'indépendance de leurs ouvriers contre les actes injustes ou arbitraires, dont eux-mêmes ou leurs successeurs pourraient se rendre coupables. En prenant une telle mesure, non-seulement ils feront preuve d'un grand esprit de justice et d'équité, mais ils agiront encore dans leur propre intérêt. Les souverains, dans une sphère beaucoup plus élevée, n'accordent-ils pas, dans un but analogue, des *constitutions* à leurs peuples?

Et pour entrer dans cette voie, voici ce que devraient faire, selon moi, nos manufacturiers, et ce que je soumets à leur juste appréciation et à leurs méditations sérieuses :

C'est de former, dans chaque grand établissement, un *Conseil*, dont les manufacturiers choisiraient eux-mêmes les Membres parmi l'élite de leurs ouvriers.

Ce conseil serait chargé de délibérer et d'éveiller l'attention des chefs sur tout ce qui pourrait paraître soit favorable, soit contraire aux intérêts de l'établissement ; chacun de ses membres serait chargé de recueillir les observations ou les plaintes de ses camarades, pour les faire connaître aux chefs. Si ceux-ci ne pouvaient ou ne voulaient pas immédiatement y donner suite, ces observations et ces plaintes seraïent soumises au conseil, qui en délibérerait, et le résultat de la délibération ayant été communiqué au gérant en chef, s'il n'a pas assisté lui-même à la séance, celui-ci y ferait droit ou indiquerait, s'il y a lieu, les motifs qui l'en empêchent, et en assumerait dès lors la responsabilité.

Ce conseil se réunirait sous la présidence du chef de l'établissement ou sous celle d'un de ses associés, et pourrait être convoqué à volonté. Si l'un des membres croyait une réunion nécessaire, il en indiquerait les raisons, et dans le cas où elles seraient trouvées fondées, le conseil devrait être convoqué.

Je signale ici les conditions, qui pour le début me paraissent les plus convenables à remplir pour faire fonctionner ces conseils; car plus tard, quand les ouvriers se seront familiarisés avec cette institution, on pourra faire élire les membres par les ouvriers, afin de leur assurer une condition plus indépendante. Il faudra alors également étendre les pouvoirs du conseil, de telle manière, qu'un ouvrier ayant travaillé dans l'établissement pendant un certain temps, ne puisse plus être renvoyé ni diminué dans son salaire, sans que le conseil ait été d'abord consulté. Le conseil pourra approuver ou désapprouver le renvoi ou la diminution; il aurait dans tous les cas le droit de stipuler un délai en faveur de l'ouvrier.

En général, il faudra viser à arriver le plus tôt possible à accorder à l'ouvrier une part équitable d'influence dans la fixation des prix, des heures et de la durée du travail, et à lui donner les plus larges garanties possibles, pour que la position de chacun soit convenable, digne et assurée. A cet effet, il est essentiel que chaque établissement possède des caisses communes, alimentées par les retenues faites aux ouvriers et aux employés et par les contributions du chef de l'établissement.

Ces caisses serviront :

1° A payer une indemnité à l'ouvrier malade;

2° A payer le médecin et le pharmacien, qui aurait soigné l'ouvrier ou sa famille;

3° A payer une pension aux veuves nécessiteuses.

4° A payer une pension aux ouvriers invalides qui en auraient besoin.

D'après les nombreux renseignements que j'ai recueillis à ce sujet, je suis convaincu que dans tout établissement d'une certaine importance, moyennant une retenue modérée à faire aux ouvriers et une contribution convenable de la part des chefs, ces caisses pourraient suffire à toutes ces dépenses, c'est-à-dire à payer le médecin et le pharmacien et à accorder une indemnité de 1 fr. à 1 fr. 50 c. par jour aux ouvriers malades et une pension de 5 à 20 fr. par mois aux veuves et aux invalides.

L'intervention du conseil dans l'organisation et dans la gestion de ces caisses leur serait très-avantageuse et en augmenterait les chances de succès.

J'engage donc tous les fabricants à entrer franchement et hardiment dans cette voie, et je ne doute pas, qu'en donnant de telles garanties pour assurer l'existence et l'indépendance de l'ouvrier, on agira non-seulement dans l'intérêt des ouvriers, mais encore dans celui des fabricants et de la société tout entière. En se refusant à toute amélioration dans ce sens, il pourrait bien arriver, au premier bouleversement populaire, ce qui nous a menacés en 1848, c'est-à-dire que, moyennant une indemnité probablement payée en assignats, on prendrait aux fabricants leurs établissements pour les donner aux travailleurs.

A la vérité ce règne serait de courte durée, mais le mal serait fait, et après une certaine période de désordres et de misère, qui nous rejetterait peut-être en arrière d'un demi-siècle, nous serions obligés de revenir sur nos pas pour reprendre la marche en avant, tandis que par la ligne de conduite que je recommande, on éviterait ces catastrophes et l'on atteindrait le but doucement, sans secousses, en avançant d'un pas constant et assuré.

On objectera peut-être, que pour accorder aux ouvriers des garanties, telles que je les demande, il faut des établissements considérables et bien solidement établis; autrement ces garanties seraient d'une faible valeur. Je ne partage point cette opinion; car il y a bien des petits établissements qui, par leurs bonnes conditions d'existence, pourraient dès aujourd'hui entrer sans nul danger et avec succès dans la voie que j'indique, et accorder à leurs ouvriers toutes les garanties désirables. D'ailleurs, ainsi que je l'ai déjà dit, je suis persuadé que les petits établissements sont destinés à devenir grands, soit par leur propre développement, soit par leur fusion ou leur association avec d'autres établissements semblables.

Outre ces institutions en faveur de la classe ouvrière, qui seront la conséquence presque certaine de la centralisation de l'industrie, les établissements considérables pourront encore contribuer puissamment au progrès intellectuel et à la moralisation de leurs ouvriers, et cela bien plus facilement que ne pourraient le faire les petits ateliers ou les patrons.

En effet, leur importance et les ressources dont ils disposent leur permettent de créer, de subventionner, d'encourager ou de patroner des institutions, et d'adopter les mesures qu'ils jugeront les plus favorables et les plus utiles à l'éducation de l'esprit et du cœur, au développement de l'intelligence et de la moralité de leurs ouvriers.

Ces institutions et ces mesures devront nécessairement se modifier suivant la localité où se trouve la fabrique, l'esprit des populations, leur développement intellectuel, etc. Je me contenterai d'énumérer quelques-unes de celles qui me paraissent destinées à produire les meilleurs et les plus durables résultats.

Ce seront :

La création de bonnes écoles, dans lesquelles les enfants pourront recevoir une instruction conforme à leurs besoins et à leurs facultés;

Une large subvention aux maîtres d'école ou professeurs, afin d'avoir des hommes de mérite et capables d'exercer leur état avec fruit et considération;

Une surveillance active et incessante sur ces écoles, d'abord pour s'assurer que l'instruction est réellement morale, méthodique, pratique et appropriée à l'intelligence des élèves, et ensuite pour veiller à ce que les heures et la durée des études, ainsi que l'importance des devoirs à remplir, soient réglées de façon que le développement du corps n'en puisse être retardé et que la santé n'en souffre pas. Il me paraît même préférable pour les enfants d'acquérir un peu moins d'instruction que de ruiner leur santé par des études trop rapides; car, plus tard, le corps étant formé, le jeune homme pourra rattraper, au moins en partie, ce qu'il n'a pu apprendre plus tôt.

Une mesure généreuse et presque obligatoire sera celle d'envoyer, aux frais de l'établissement, dans les écoles spéciales des arts et métiers, ceux d'entre les jeunes gens qui se distingueront par une intelligence supérieure et une parfaite moralité.

Je n'hésiterai même pas à conseiller, dans le cas où un enfant se ferait remarquer par un talent hors ligne pour les sciences, pour les arts, ou pour la littérature, de l'envoyer aux grandes institutions spéciales, dans lesquelles l'élève pourra continuer et compléter ses études conformément à sa vocation.

Mais évidemment il ne faudra recourir à une pareille mesure que lorsqu'on aura acquis la conviction que le jeune homme possède réellement des dispositions bien marquées et une grande aptitude pour telle ou telle carrière. Car, dans ces institutions comme dans les colléges en général, les programmes des études étant faits surtout en vue d'élèves doués de beaucoup de moyens, il en résulte que ceux-ci seuls réussissent, tandis que les autres restent en arrière, ou bien, à force de travail, usent leur constitution et ruinent leur santé.

Une des mesures que je considére comme devant être des plus utiles et des plus indispensables, c'est la création d'une bonne bibliothèque qui, en même temps qu'elle détournerait les ouvriers du cabaret ou d'autres distractions nuisibles, leur procurerait, pendant les heures de loisir, une occupation utile et agréable, et leur fournirait l'occasion de compléter leur instruction et d'acquérir des connaissances variées et souvent très-précieuses. Cette bibliothèque devra renfermer :

Des livres techniques, qui les intéressent directement dans leurs occupations professionnelles;

Des livres d'agriculture, partout où les ouvriers allient les travaux agricoles aux travaux industriels;

Des livres de géographie, d'histoire, de sciences et de littérature composés par nos meilleurs auteurs, afin que les ouvriers plus instruits ou plus disposés pour ces lectures puissent y trouver un moyen d'étendre leurs connaissances et de se rapprocher du niveau de notre civilisation;

Des livres populaires, à la portée de chacun, qui pourront contribuer à vivifier et à fortifier les sentiments religieux et moraux;

Enfin des livres instructifs pour tout ce qui concerne la tenue d'un ménage et les soins de la famille.

Ces derniers livres, plus spécialement destinés aux mères et aux filles, contribueront pour une large part à les moraliser et à les civiliser, à augmenter en elles la dignité de la femme, et à leur acquérir l'estime et la considération dont elles ont tant besoin pour attirer le bien-être, le contentement et le bonheur au foyer domestique.

Il résulte de ce qui précède que les grandes associations doivent exercer une influence heureuse sur le développement intellectuel et moral des ouvriers et de leurs familles. Elles contribueront encore essentiellement à donner, soit aux conseils de manufacture dont nous venons de parler, soit à des institutions analogues, l'organisation, la force et l'importance nécessaires pour assurer aux travailleurs une existence digne et honorable. Dans le chapitre qui traitera *des améliorations diverses résultant de la centralisation industrielle*, nous nous attacherons plus particulièrement à examiner les avantages matériels que cette centralisation pourra procurer aux ouvriers.

CHAPITRE III.

INTÉRÊTS DES FABRICANTS DANS LES GRANDES ASSOCIATIONS.

Les fabricants trouveront de nombreux et sérieux avantages dans la fusion ou la réunion des sociétés industrielles, et d'abord ils obtiendront une forte diminution des frais généraux, tels que frais de gestion, de bureaux, de voyages, etc.

Supposez, par exemple, six établissements d'égale importance, qui occupent chacun cinq voyageurs à raison de 8,000 fr. de frais de voyage par an et par voyageur; cela fait pour chaque fabrique 40,000 fr. ou bien pour les six établissements 240,000 fr. Comme, en se réunissant, il ne leur faudra guère plus de voyageurs qu'il n'en fallait auparavant à un seul, il résulte pour eux, de la fusion, un bénéfice annuel et certain de 200,000 fr. sur ce seul objet. En ajoutant à cet avantage, celui d'une plus grande économie dans les frais de gestion, d'emballage, de ports de lettres, etc., on trouvera un profit considérable.

Il y a plus: en se fusionnant, chaque établissement produira à bien meilleur marché, parce qu'on s'arrangera à n'y fabriquer que les objets qui seront le mieux appropriés à ses conditions de production. On produira par masses, c'est-à-dire sur des commandes six fois plus importantes qu'auparavant. En outre, on achètera les matières premières à des conditions plus favorables, parce qu'on ne se fera plus concurrence et que, les débouchés étant plus assurés, on pourra passer des marchés à long terme. Donc, plus de régularité dans la production et plus de régularité dans la vente. En même temps, l'on évitera ou du moins l'on diminuera sensiblement les crises commerciales et les chômages résultant d'une concurrence effrénée, irréfléchie et désastreuse pour chacun.

Un autre motif doit pousser les manufacturiers à se rapprocher et à se réunir; c'est qu'aujourd'hui, où dans beaucoup de branches d'industrie il est indispensable d'avoir un établissement considérable, il devient difficile à un manufacturier de se retirer des affaires ou de se décharger d'un travail que son âge ou sa santé lui rendent trop pénible, s'il ne peut trouver dans sa famille un membre qui soit à la fois capable de gérer et disposé à se charger d'un établissement aussi important; car, ayant la plupart du temps sa propre fortune tout entière et souvent encore celle de sa famille engagées dans cette entreprise, il ne peut guère songer à en confier l'administration à un étranger.

Au contraire, en fusionnant son établissement avec d'autres usines qui auparavant étaient ses plus redoutables concurrents, la gestion en devient bien plus facile, et un gérant capable se trouve plus aisément, soit parmi les fabricants qui sont entrés dans la fusion, soit même parmi des étrangers qui présenteraient des garanties de moralité et de capacité.

Enfin, si la grande association prospère, comme cela est presque indubitable, lorsqu'elle repose sur des bases solides et si la fusion a lieu entre bons et honorables fabricants, chacun de ceux-ci pourra bien mieux disposer de sa fortune qu'il n'aurait pu le faire auparavant. Car d'immobilière, sa fortune sera devenue mobilière, c'est-à-dire qu'elle consistera en actions que le fabricant pourra vendre en totalité ou en partie, sans risquer d'entraver par là la marche régulière de l'établissement; et si celui-ci se trouve dans de bonnes conditions, il est probable que ces actions se placeront facilement et même avec bénéfice.

De ces grandes associations résultera encore un avantage moral qui certainement n'est pas sans importance. L'homme, agissant seul et individuellement, devient facilement fier et présomptueux en cas de succès, se décourage et s'aigrit en cas de revers; au contraire, en s'associant et en partageant sa bonne ou sa mauvaise fortune avec un grand nombre d'autres personnes, ces funestes impressions s'affaiblissent, les motifs de ce développement de mauvaises qualités diminuent et la civilisation, de même que la moralité, ne peuvent qu'y gagner.

Il est donc évident que la fabrication sur une vaste échelle diminuera considérablement les frais généraux, facilitera l'emploi des moyens mécaniques et rendra la production plus avantageuse; en un mot, elle produira mieux et à meilleur marché. En outre, elle permettra aux fabricants de mieux régler la production, d'obtenir une plus grande fixité dans le prix des matières premières qu'ils achètent et des produits qu'ils vendent, et d'assurer par là à leurs ouvriers, non-seulement une position stable et honorable, mais encore une rétribution en proportion de leur mérite et de leur talent.

CHAPITRE IV.

AVANTAGES QUI RÉSULTERONT DES GRANDES ASSOCIATIONS POUR LE CONSOMMATEUR.

Ce n'est pas seulement le producteur qui profitera de la centralisation de la production, mais le consommateur en retirera également des avantages notables.

A cette immense diversité de produits qui existe aujourd'hui sur tous les marchés et dont une grande partie n'est créée que pour dérouter l'acheteur, soit dans l'appréciation de la qualité, soit dans celle des prix, l'on verra bientôt succéder la simplification, parce que le fabricant, n'ayant plus à combattre une concurrence acharnée et souvent déloyale, s'attachera à simplifier les qualités et les prix pour pouvoir produire à meilleur marché. Il en résultera que chaque consommateur arrivera à apprécier convenablement les produits qu'il achète; il apprendra à en connaître le mérite et la valeur, et évitera par là d'être trompé par le fabricant, ou par l'intermédiaire qui lui procurera ces marchandises.

En outre, le fabricant, ayant le plus grand intérêt à maintenir son établissement toujours dans la même activité et à éviter qu'une concurrence redoutable ne vienne jeter le trouble dans ses relations commerciales, s'efforcera constamment de satisfaire les désirs et les besoins de la consommation, afin que la demande ne se ralentisse pas et que ses produits conservent la bonne réputation, qui constitue l'élément de succès et de prospérité de son entreprise.

Il est d'ailleurs probable que la concentration de la production entraînera une centralisation dans la vente des produits, et que, par la suppression de bien des intermédiaires, le consommateur, et surtout le petit consommateur, achètera à bien meilleur compte que cela n'est possible aujourd'hui.

La fusion ou la grande association permettra donc aux consommateurs de se renseigner mieux et plus facilement sur la valeur des produits, et de les obtenir à meilleur marché, par suite d'une fabrication et d'une vente plus économiques. On pourrait même affirmer que l'acheteur se trouvera, pour ainsi dire, à l'abri de la fraude : D'abord, en considération de la haute importance des établissements de production et de vente ; et ensuite, parce qu'il lui sera très-facile d'acquérir une connaissance exacte des objets qui l'intéressent, n'ayant plus à étudier que les produits d'un ou de deux établissements, en place des vingt ou trente qui existaient et fonctionnaient avant la fusion.

Quant aux craintes que la centralisation ou la monopolisation ne s'exerce au détriment du consommateur, je donnerai dans le chapitre suivant quelques indications sur les moyens propres à prévenir un pareil abus.

CHAPITRE V.

DE L'INTÉRÊT DES GOUVERNEMENTS DANS LES GRANDES ASSOCIATIONS.

L'intérêt des gouvernements dans cette question est immense. En effet, si elle est bien résolue, elle doit amener la pacification et le rapprochement, non-seulement des diverses classes de la société d'un même pays, mais encore des divers peuples qui composent la grande famille humaine.

Lorsqu'en 1848 des masses populaires voulaient obtenir du gouvernement provisoire la promesse d'organiser le travail, M. de Lamartine, étendant sa main vers les canons braqués à la porte de l'Hôtel-de-Ville, leur répondit par ces paroles mémorables:

«Citoyens, vous me mettriez à la bouche de ces «pièces de canon, que vous ne me feriez pas signer «ces deux mots associés ensemble: *Organisation du* «*travail.*

«Je vais vous dire pourquoi je ne signerai pas ce «décret. J'ai pour cela deux raisons, citoyens! La «première, c'est que je ne me crois ni plus ni moins «intelligent qu'aucun autre homme de mon siècle

«et de mon pays, et que depuis vingt années de ré-
« flexions et d'étude des conditions de la société in-
« dustrielle, il m'a été impossible de comprendre ces
« deux mots réunis dont l'un exclut l'autre. Je ne
« signe pas ce que je ne comprends pas.

« La seconde, c'est que si nous vous promettions
« l'organisation du travail, nous vous promettrions
« ce qu'aucune puissance humaine ne pourrait vous
« tenir. Je ne signe que les engagements que je puis
« tenir au peuple. »

Et M. de Lamartine avait bien raison.

On lui demandait ce que Dieu seul peut accorder, c'est-à-dire des récoltes, du travail et un gain suffisant pour chaque jour et pour chacun; ou plutôt on lui demandait le *communisme,* qui est tout aussi impossible. Car l'égalité n'est nulle part sur cette terre; pas deux êtres, pas deux corps, pas même deux feuilles d'arbre exactement pareilles, et certes, si Dieu avait voulu que nous fussions égaux, il ne nous aurait pas créés avec des dispositions, des besoins et des qualités aussi différentes et aussi dissemblables. Mais ce que Dieu veut apparemment, c'est que chacun contribue, en proportion des facultés et des moyens qu'il a reçus, à accomplir pour sa part la destinée des hommes.

Cette œuvre étant collective et non individuelle, il en résulte que nous devons nous soutenir, nous encourager, nous aider mutuellement, autant que nous le pouvons, en un mot, nous rendre solidaires les uns des autres. En agissant conformément à ces principes, je crois remplir mes devoirs envers mes semblables, ma famille et moi-même.

Mais si l'on voulait pousser la solidarité jusqu'à me priver de mon libre arbitre, c'est-à-dire me contraindre à régler toutes mes actions et mes besoins sur ceux des autres, je regarderais cela comme une violence faite à ma liberté, à mes droits et à ma dignité d'homme, et je croirais de mon devoir de m'y opposer de toutes mes forces.

Loin de moi la pensée de proposer au gouvernement l'organisation du travail, que M. de Lamartine a repoussée avec autant d'énergie que de raison, car si le gouvernement provisoire avait tenté d'organiser le travail un jour, dès le lendemain il aurait reconnu mille défauts à son propre ouvrage. Je suis de l'opinion de ceux qui pensent que le travail ne se laisse pas régler et organiser législativement d'une manière satisfaisante et durable; il s'organise de lui-même peu à peu et progressivement, car de même que la société, il a horreur du désordre et des abus; l'un et l'autre cherchent constamment à s'améliorer et à se perfectionner, et c'est dans cette tendance que réside la seule et véritable force organisatrice du travail.

Cette organisation se faisant ainsi d'elle-même, librement, graduellement, de jour en jour, d'année en année, de siècle en siècle, suit le cours naturel des choses; mais les hommes qui observent et étudient la direction et la tendance de cette marche progressive, agissent sagement en l'aidant et en la favorisant; car les entraves et les obstacles qu'on lui opposerait, ne feraient qu'en retarder l'accomplissement sans pouvoir l'empêcher. De pareilles fautes ne se commettent pas impunément.

Eh bien, pour tout observateur attentif il est évident que la tendance actuelle du travail, c'est la *centralisation.*

Partout les travailleurs se rapprochent, se massent et se groupent dans de grands centres, parce qu'ils y rencontrent des conditions favorables d'organisation, qu'il leur serait difficile et même impossible de trouver en restant disséminés et isolés. Une cause semblable produisit autrefois la constitution de la bourgeoisie dans les villes, et si la *découverte de la poudre à canon* a puissamment contribué à l'accomplissement de cette œuvre, il faut reconnaître que les *applications de la vapeur* ne semblent pas moins favorables à l'émancipation des prolétaires.

Quelle est maintenant la part que les gouvernements doivent prendre à cette œuvre de transformation?

Après en avoir constaté l'existence parmi les peuples soumis à leur pouvoir, ils doivent, à mon avis, en suivre attentivement la marche, prêts à intervenir au moment opportun, par des mesures réglementaires ou législatives, soit pour empêcher le mal, soit pour favoriser le bien; car toute chose ayant son bon et son mauvais côté, il en est de même de la centralisation, et un gouvernement sage et prévoyant peut contribuer pour beaucoup à augmenter les bonnes chances et à diminuer les mauvaises, dans un travail d'organisation qui touche de si près à la constitution générale de la société.

D'ailleurs l'intervention du gouvernement dans l'organisation de l'industrie se pratique déjà de nos jours : elle a lieu pour la concession des mines, des usines, etc.; elle s'exerce même dans la formation des grandes sociétés, puisque la loi impose à toute société anonyme qui veut se former, de se pourvoir préalablement d'une autorisation du gouvernement. Après l'avoir obtenue, la société anonyme est en outre obligée de faire tous les six mois son état de situation, dont elle doit remettre une copie au greffe du tribunal de commerce, une autre au préfet du département et une troisième à la chambre de commerce, s'il en existe une dans l'arrondissement. On exige de plus que les sociétés ayant des actions au porteur, fassent imprimer leur état de situation. A la vérité, il faut dire que le gouvernement s'est beaucoup relâché dans la stricte exécution de ces prescriptions, parce qu'on a trouvé qu'elles étaient trop onéreuses aux sociétés peu considérables. Néanmoins elles existent ou ont existé et démontrent ainsi parfaitement que le gouvernement a non-seulement le droit, mais qu'il est même de son devoir d'intervenir dans les entreprises d'une certaine importance.

Son action dans la création et l'administration des chemins de fer est encore bien plus énergique et plus considérable. C'est ainsi que le gouvernement français a imposé aux compagnies un maximum de prix pour les places des voyageurs de première, seconde et troisième classe; un maximum de prix de transport pour chaque nature de marchandise; il a même obtenu, en considération de la cherté des subsistances, le transport à moitié prix des denrées alimentaires pendant toute la durée de cette cherté.

Certes, en voyant, il y a un quart de siècle à peine, ces milliers de diligences, de voitures publiques et de chariots de toutes espèces, appartenant à autant de propriétaires et transportant péniblement de rares voyageurs et de petites quantités de marchandises, souvent sur de mauvaises routes, l'on n'aurait pas cru possible de centraliser et de réglementer une branche d'industrie aussi divisée, aussi intimement liée à une foule d'autres exploitations et dépendant de tant de circonstances. Cependant la chose s'est accomplie en moins de vingt-cinq ans : Voyageurs et marchandises sont maintenant transportés à des prix fixes et invariables, hiver comme été, avec une vitesse de cinq à dix fois plus grande et d'une façon plus commode et plus régulière. Personne ne contestera que l'intervention du gouvernement n'ait été pour beaucoup dans ces heureux résultats et dans cette nouvelle organisation des transports.

Il est donc probable que, dans un avenir plus ou moins rapproché, lorsque les fusions ou les grandes associations auront pris une certaine extension, lorsque diverses industries se seront, pour ainsi dire, monopolisées dans un pays, le gouvernement interviendra comme il le fait aujourd'hui pour les chemins de fer.

Il demandera à être renseigné sur les opérations et la situation de ces grands établissements, sur leurs bénéfices, le nombre d'ouvriers employés, les salaires de ceux-ci, leur position en général, etc.; et en recueillant régulièrement ces renseignements, à mesure que la centralisation s'achèvera, il possédera les éléments les plus précis, les plus sûrs, je dirai même les seuls possibles pour améliorer la condition des travailleurs.

Les documents statistiques publiés sur cette matière dans l'état actuel des choses, et dont l'exactitude n'a pas été constatée officiellement, sont généralement erronés et d'une utilité souvent contestable. J'ai parcouru de nombreux volumes contenant des faits statistiques industriels, recueillis par une seule ou par plusieurs personnes, et traitant, soit d'industries spéciales, soit de diverses industries d'une ville, d'un pays, de plusieurs pays et du monde entier; mais tout en admirant le zèle, le talent et le savoir qui ont présidé à la plupart de ces travaux, et tout en reconnaissant l'intérêt que de tels documents peuvent présenter sous d'autres points de vue, je doute fort qu'aucun de ces ouvrages puisse jamais servir de base à une bonne mesure législative. La production industrielle est aujourd'hui si variable et tellement divisée, que des statistiques exactes sur cette matière sont tout à fait impossibles; aussi, à peine sont-elles publiées, qu'on y découvre une foule d'erreurs: les uns contestent, d'autres affirment, et en fin de compte chacun se trompe.

Il y a des personnes qui, voyant l'impossibilité d'indiquer aujourd'hui exactement *les faits*, voudraient s'en passer et organiser le travail en stipulant *les droits* de chacun. Mais il est impossible de déterminer avec justesse le droit, si l'on ne connaît pas les faits dont il ressort et qui par conséquent le régissent. Eh bien, si mes prévisions ne me trompent pas, la centralisation, vers laquelle nous marchons à grands pas, permettra bientôt d'établir avec beaucoup d'exactitude les conditions et la situation de chaque industrie, c'est-à-dire *les faits*, et lorsque ceux-ci seront bien connus, l'on pourra, en connaissance de cause, stipuler *le droit,* c'est-à-dire la part proportionnelle qui doit revenir à chacun et les devoirs de chacun.

Ces données fourniront en même temps de précieux renseignements pour l'assiette équitable d'un impôt sur le revenu, dans le cas où le gouvernement serait obligé d'y avoir recours tôt ou tard. Car il est fort probable que cet impôt deviendra un jour, non pas le seul ou le principal impôt dans tous les pays, comme on l'a souvent conseillé, mais un impôt auxiliaire important dans des époques difficiles[1].

[1] Les premières pensées sur la centralisation de la production me sont venues en 1849, en étudiant le projet d'impôt sur le revenu que j'avais proposé à l'Assemblée législative et que j'ai renoncé à développer, parce qu'ayant reconnu l'impossibilité de le faire accepter, je ne voulais point, pour une vaine satisfaction personnelle, augmenter encore l'irritation qui régnait à cette époque, non-seulement à l'Assemblée, mais encore dans toute la France.

Depuis ce temps j'ai plusieurs fois exprimé mon opinion au sujet de l'avenir probable de notre société devant des hommes plus à même que moi de développer une telle idée, mais il est probable, ou que je n'ai pas réussi à bien me faire comprendre, ou qu'on n'a pas accordé à mon opinion l'importance que je lui attribue, car jusqu'à ce jour je ne l'ai encore vu reproduite dans aucune publication.

Mais la centralisation ne s'arrêtera pas à un seul pays, elle aura lieu dans tous; et l'on peut déjà prévoir le moment où les grandes compagnies, ayant réussi à se former et à se consolider, chercheront à s'associer avec des compagnies qui, dans d'autres pays, se livrent à la même industrie. Déjà les compagnies de chemin de fer cherchent à traiter les unes avec les autres pour s'assurer des embranchements qui relieront leurs lignes principales ; déjà aussi les compagnies de nations différentes se font des concessions réciproques qui devront tourner à l'avantage commun; et bientôt elles reconnaîtront qu'elles peuvent avec fruit associer plus intimement leurs intérêts respectifs.

Il en sera de même des établissements industriels; lorsqu'ils auront acquis une haute importance et que leur marche sera connue, il y en a peu qui ne finiront par trouver avantageux de s'allier à des établissements rivaux en d'autres pays, soit pour produire mieux et à meilleur marché, soit pour exploiter plus fructueusement les contrées dans lesquelles ils exportent.

Comme conséquence, en apparence extraordinaire, quoique très-naturelle, de cette situation, nous pourrons voir les mêmes hommes, qui aujourd'hui sont les plus chauds défenseurs des droits protecteurs de douanes, demander leur réduction et même leur suppression partielle, lorsqu'ils trouveront qu'il y aurait plus d'avantage à produire tel article exclusivement dans leurs établissements d'Angleterre ou d'Allemagne, et que pour tel autre objet ce serait, au contraire, la France qui offrirait le plus de profit à son exploitation.

Il est facile de comprendre qu'une réforme douanière, faite dans ces circonstances, causera peu ou point de préjudices, puisque les compagnies elles-mêmes auront le plus grand intérêt à veiller à ce que ces changements occasionnent le moins de perturbation possible dans les affaires. Pour maintenir l'activité et la valeur de leurs établissements, elles auront soin de mettre leurs ouvriers disponibles au courant de la fabrication des objets qu'elles continueront à produire ou dont elles introduiront la fabrication nouvelle; ou bien encore, elles engageront une partie de leurs ouvriers à se rendre dans leurs établissements à l'étranger pour y continuer leur travail habituel dans des conditions plus avantageuses, de même qu'elles appelleront des ouvriers de leurs établissements étrangers à venir confectionner en France les objets dont la fabrication y sera plus facile.

L'on arrivera ainsi peu à peu à ce résultat tant désiré, de fabriquer dans chaque contrée ce qu'il y a de plus avantageux à y produire. Et si les conditions de production d'un pays venaient à être changées par une circonstance quelconque, telle qu'une découverte importante, une nouvelle invention, l'épuisement d'une mine, etc., etc., on aurait encore la facilité de changer le siége de certaines fabrications, ce que les compagnies ne manqueraient pas de faire, de façon que la production se trouverait toujours là où elle présenterait le plus d'avantage.

Mais le résultat le plus favorable, et dont il est impossible de prévoir dès à présent toutes les conséquences, sera que :

D'une part, cette transformation dans les conditions sociales, en concentrant et en réglant la production et sa distribution, simplifiera les relations, facilitera aux gouvernements l'appréciation plus exacte des intérêts du pays, et les aidera puissamment dans la tâche souvent si pénible et si périlleuse de régner pour le bonheur de leurs peuples. Par là, il y a lieu d'espérer que les principales causes de *dissensions civiles* finiront par disparaître.

Et, d'autre part, cette transformation sera de nature à établir une telle solidarité entre les intérêts des divers pays, qu'elle éteindra tout sentiment de rivalités et de jalousies nationales, et que les différents peuples n'en formeront, pour ainsi dire, qu'un seul, ce qui rendra *la guerre*, sinon impossible, du moins difficilement praticable ; car chaque nation se trouvant dans les meilleures conditions de production et de consommation, ou, en d'autres termes, jouissant de la plus grande somme de bien-être possible, la guerre, si même elle était couronnée de succès, loin d'augmenter la prospérité du pays qui aurait triomphé, ne pourrait que l'affaiblir.

Donc, aucun gouvernement, à moins de se faire tort à lui-même, n'aura plus de motif d'entreprendre une expédition hostile ou de conquête contre un autre État; et s'il en était un qui fût assez aveugle pour se laisser tenter par ces jeux de la force et du hasard, il serait certain de rencontrer les plus vives résistances de la part de toutes les nations, en même temps qu'il s'exposerait à perdre les sympathies de son propre peuple dont il aurait froissé et compromis les intérêts.

En résumé, la guerre ne profiterait plus à aucun peuple; tous en éprouveraient des pertes certaines et sérieuses. Si elle donne la gloire, les honneurs, et parfois même la richesse à quelques hommes, en revanche, elle fait répandre des flots de sang, plonge dans la désolation des milliers de familles, et ne laisse après elle que misère et ruines.

Au contraire, c'est la paix, et la paix seule qui est capable de procurer aux hommes la plus large part de bonheur à laquelle il leur soit permis d'aspirer.

Faisons donc nos plus grands efforts pour répandre cette vérité dans toutes les classes de la société, afin d'élever contre la guerre une barrière infranchissable.

CHAPITRE VI.

CENTRALISATION ET RÉGULARISATION DE LA PRODUCTION INDUSTRIELLE EN ANGLETERRE.

L'on répondra peut-être à ce qui précède, que si mes prévisions sur la future organisation de la production étaient justes et fondées, l'Angleterre, qui est notre devancière en industrie, et dont les manufactures sont bien plus développées que les nôtres, aurait probablement déjà fait de grands pas dans la voie que j'indique et aurait cherché à s'associer à des compagnies du continent.

Cette objection, de prime abord, semble présenter quelque apparence de raison, mais en l'examinant de plus près, l'on s'aperçoit bientôt qu'elle ne détruit en rien la justesse de mes assertions.

Depuis très-longtemps et même avant nous, les Anglais ont reconnu les immenses avantages du travail centralisé; aucun autre pays ne présente des établissements aussi gigantesques que le leur, et ils cherchent à appliquer et à pratiqer cette centralisation partout où ils en reconnaissent l'utilité.

Précisément en ce moment ils nous en fournissent

une nouvelle preuve : les événements de la guerre en Orient leur ayant démontré la supériorité de notre organisation militaire, ils s'en sont vivement préoccupés, et quel que soit leur attachement à leurs anciennes institutions, il est certain qu'ils les modifieront au profit de leur armée; ils ne reculeront même pas devant la plus grande centralisation s'ils la reconnaissent indispensable pour arriver à une bonne et forte organisation militaire.

On ne peut du reste plus douter que l'Angleterre ne marche et ne continue à marcher dans la voie de la centralisation, lorsqu'on considère la production perfectionnée et la grande réduction de prix que les manufacturiers anglais sont parvenus à réaliser, en agglomérant et en concentrant dans quelques localités la fabrication de certains produits.

Si les Anglais n'ont pas encore cherché à se fusionner avec des établissements du continent, cela tient à plusieurs causes :

En premier lieu, ils n'en ont pas encore senti la nécessité, ayant trouvé jusqu'à ce jour un écoulement facile et avantageux de leurs produits sur presque tous les marchés du monde.

Ensuite les manufacturiers anglais, de même que ceux des autres pays, désirent et demandent avant tout une grande sécurité; l'on pourrait presque dire que, sous ce rapport, les industriels et les commerçants de l'Angleterre ont été un peu gâtés; car s'ils ont souffert parfois dans leur exportation par suite de la guerre, du moins celle-ci n'a-t-elle jamais pu menacer l'existence de leurs établissements : placés par leur position insulaire dans une sécurité parfaite et protégés par leur gouvernement, comme jamais gouvernement du continent n'a pu protéger ses industriels, la guerre, loin de leur nuire, a été souvent très-favorable à leurs débouchés et à leur commerce en général.

Sur le continent, au contraire, l'on a vu crouler souvent les maisons les plus solides, les établissements les mieux assis, les manufactures les plus prospères, parce que les ravages de la guerre les atteignaient directement, soit en les détruisant de fond en comble, soit en leur enlevant la protection de leur gouvernement, soit en les privant de leurs matières premières ou de leurs ouvriers, soit même en les détachant d'un pays pour les incorporer à un autre. En ajoutant à ces considérations celle que les Anglais cherchent à attirer chez eux et à concentrer dans leur île la plus grande production industrielle possible, même au détriment des autres nations, l'on ne s'étonnera plus du peu de dispositions de leur part à se fixer à l'étranger.

Mais la paix de quarante ans dont nous avons joui et la sécurité qu'elle nous a donnée, a modifié cet état de choses. L'industrie nationale, protégée dans divers pays par de sages mesures douanières, s'est développée d'une manière admirable; elle a marché à pas de géants et peut aujourd'hui en beaucoup de branches se mesurer fièrement avec celle du Royaume-Uni. Et cette extension de la production industrielle dans les États du continent, loin de nuire à celle de l'Angleterre, lui est au contraire favorable. Effectivement, en développant la production dans un pays, on augmente sa richesse et par cela même sa consommation, et comme aucun pays ne peut se suffire complétement à lui-même et tout produire, il s'ensuit que les objets qu'on importait auparavant en très-petite quantité, s'importent actuellement en masses considérables, c'est-à-dire que la multiplicité des objets importés a diminué, mais que la valeur de quelques-uns de ceux qu'on introduit aujourd'hui, dépasse souvent à elle seule la totalité des objets importés autrefois.

D'ailleurs il paraît que les Anglais comprennent (et les modifications qu'ils ont introduites dans leur législation le prouvent assez) qu'il ne faut rien pousser à l'extrême, mais tempérer et modifier sa manière d'agir selon que le temps et les circonstances l'exigent.

Il est donc vraisemblable qu'aussitôt que les Anglais verront les établissements d'autres pays leur présenter, par leur importance, leur solidité et leur prospérité, des garanties de sécurité suffisantes, ils se montreront très-disposés à s'associer à eux. C'est ainsi que les capitaux anglais contribuent déjà pour une large part à la création et à l'exploitation de nos chemins de fer; par contre, une compagnie française a réuni tout récemment en une seule entreprise tous les omnibus de Londres. Aussi ne serais-je nullement étonné de voir, maintenant que la paix est rétablie et qu'elle semble présenter des garanties de stabilité, les industriels anglais se lier plus étroitement à ceux du continent et *vice versâ*. Ceci pourrait surtout avoir lieu, si la législation des divers pays accordait, pour ces associations, aux étrangers une sécurité suffisante et égale à celle dont jouissent les indigènes.

Je crois donc avoir démontré que l'Angleterre, tout comme les autres pays industriels de l'Europe, marche à grands pas dans la voie de la *centralisation manufacturière*.

Quant à la *régularisation du travail*, elle ne l'a pas négligée et a même fait dans cette voie plus de progrès que nous. Mais elle suit une direction toute différente à celle que je conseille dans cet écrit, et qui, selon moi, convient mieux à notre caractère et est plus conforme à nos mœurs et à nos habitudes.

On va en juger: Le gouvernement anglais, de même que celui des États-Unis d'Amérique, a pour principe d'éviter autant que possible de s'immiscer dans les choses qui ne le concernent pas directement; au lieu d'agir, il préfère observer et surveiller, il laisse à ceux qui ne se trouvent pas à leur aise, l'initiative des mesures destinées à modifier et à améliorer leur position, et, pourvu que ces mesures présentent un certain but d'utilité, *il laisse faire.*

Si ce système présente des inconvénients, par contre il a aussi ses avantages: il est incontestable qu'en habituant les hommes à ne compter que sur eux-mêmes, on leur apprend à connaître et à exercer leurs forces et à en faire usage en toutes choses et en toutes circonstances. Aussi n'y a-t-il pas de pays au monde où l'initiative particulière ait produit de plus grands résultats qu'en Angleterre et aux États-Unis.

On est saisi d'étonnement et d'admiration en voyant le nombre et l'importance des établissements de charité et de bienfaisance[1], des institutions pour les lettres, les sciences, les arts, le commerce et l'industrie, etc., qui existent en Angleterre et qui ne

[1] Dans aucun pays la charité privée n'a pris des proportions aussi grandioses qu'en Angleterre. Je me permets de citer à ce sujet un seul fait: l'épitaphe d'un quaker mort en 1780 :

« Ci-gît le docteur Fothergill, qui dépensa deux cent mille guinées « (5 millions de francs) pour les pauvres. »

doivent leur création et leur vie qu'à des souscriptions particulières. La plupart des hôpitaux, des musées, des jardins zoologiques et botaniques, tant à Londres que dans les autres grandes villes, n'existent que par des dons volontaires ou des associations.

Cet esprit d'association, si universellement répandu en Angleterre, se fait remarquer également, et à un haut degré, chez les ouvriers. Ils s'unissent dans un but religieux; ils s'associent dans un intérêt de moralisation; ils ont des caisses de secours en cas de maladie, des caisses de prévoyance pour insuffisance de salaire ou pour payer des indemnités aux veuves et aux orphelins, des sociétés pour acheter, moyennant des rétributions mensuelles, des terrains, des maisons, etc.

Ils sont allés encore bien plus loin: ils ont fondé des *trade-union's,* c'est-à-dire des associations ayant pour but d'indemniser les ouvriers sans ouvrage ou qui quittent un fabricant parce que celui-ci a voulu diminuer leur salaire.

Ces *unions* interviennent entre le fabricant et l'ouvrier, en cas de contestation sur la qualité ou la bonté du travail fourni par ce dernier; elles fixent souvent les conditions et les prix auxquels les ouvriers doivent travailler, et interdisent, au besoin, à leurs membres d'entrer ou de rester chez un fabricant qui ne veut pas accepter les prix ou maintenir les conditions qu'elles avaient stipulées. Elles veillent même, dans certaines branches d'industrie, à ce que le nombre des ouvriers ne prenne pas une disproportion trop grande. A cet effet, elles ne permettent de recruter des apprentis que parmi les enfants de ces ouvriers; et si un fabricant essayait d'en prendre ailleurs, tous les ouvriers déserteraient immédiatement ses ateliers.

La gestion de ces sociétés est confiée à quelques ouvriers élus par leurs camarades et payés sur la caisse sociale; un président et un secrétaire général sont à la tête de ce conseil; le secrétaire est ordinairement l'homme principal. Il faut le reconnaître, à peu d'exceptions près, ces hommes remplissent leur mission avec beaucoup de tact et d'intelligence. Tous les ans il y a une réunion générale (*meeting*), où chaque membre a le droit d'exprimer ses plaintes ou ses observations. Parmi ces sociétés, il y en a qui possèdent un grand fonds de réserve (plusieurs millions de francs); elles y visent toutes, car c'est en cela que réside leur force et leur succès, soit pour parer aux chômages partiels, c'est-à-dire payer les ouvriers sans travail (*pay on the box*), soit pour pouvoir soutenir avantageusement une lutte contre les fabricants, en cas de chômage général et volontaire de tous les membres (*strike*).

On a calculé que telle union était aujourd'hui à même de pouvoir faire face à un chômage général pendant près de deux années.

C'est depuis 1825, époque de l'abolition à un certain degré du délit de *combination* ou de coalition, que ces unions se sont formées; et bien qu'il y ait quelquefois dans leurs statuts des dispositions qui ne sont pas entièrement conformes aux lois du royaume, le gouvernement les tolère néanmoins, par les raisons que nous avons déjà indiquées; cependant il intervient et réprime dans le cas (malheureusement assez fréquent) où la coalition a recours à l'intimidation et à la violence.

Il est facile de voir que ces unions se rapprochent beaucoup des anciennes corporations, et qu'elles sont en quelque sorte des coalitions organisées et permanentes. En effet, depuis trente ans que ces sociétés existent, les coalitions ont été, pour ainsi dire, à l'ordre du jour dans tous les districts de l'Angleterre, et elles y ont souvent atteint des proportions colossales.

C'est ainsi qu'en 1830, cinquante filatures ont chômé à Ashton et 30,000 ouvriers ont cessé de travailler.

A Preston, en 1836, 8,500 ouvriers se sont mis en grève, forçant quarante-deux filatures à suspendre leurs travaux. Il en est résulté une perte qu'on a évaluée à un million de francs pour les ouvriers et à un million et demi pour les fabricants.

La même ville a été témoin, en 1853, d'une grève d'ouvriers encore bien plus considérable, qui a occasionné une perte totale de plus de six millions de francs.

En 1842, tout le nord de l'Angleterre et le comté d'York ont été troublés par des coalitions effrayantes, et le chômage y a pris des proportions formidables; pendant cinq mois qu'a duré la coalition, les journaux quotidiens avaient plusieurs de leurs colonnes remplies exclusivement de récits de meurtres, d'incendies, de bris de chemins de fer et d'autres événements effroyables, qui ont été la conséquence de ces énormes mises en grève.

Depuis, nous avons encore assisté à la grande coalition des ouvriers mécaniciens, qui a causé un préjudice immense aux fabricants et aux ouvriers; car cette fois-ci les fabricants, pour résister à l'union des mécaniciens, se sont coalisés à leur tour et ont réussi par ce moyen à remporter la victoire; mais comme leurs ateliers chômaient pendant la lutte, les commandes affluaient en Belgique, en Allemagne et en France, et la perte a été tellement considérable pour les patrons comme pour les ouvriers, qu'ils ne recommenceront probablement pas de si tôt.

Voilà les mauvais résultats de ces *trade-union's*. Je vais maintenant en énumérer les avantages.

Au moyen de ces associations, les ouvriers ont réussi à maintenir le taux de leurs salaires et à éviter une dépréciation préjudiciable dans les prix de la main-d'œuvre; ils n'auraient pu le faire, si chacun d'eux était resté abandonné à son individualité et n'avait trouvé derrière lui ni appui, ni soutien pour résister aux exigences d'un patron intéressé, inexpérimenté, gâcheur de métier, comme on dit.

Ces unions ont soutenu et indemnisé ceux de leurs membres qui, par la stagnation des affaires, se trouvaient momentanément sans ouvrage, et elles les ont ainsi préservés de la misère.

D'un autre côté, elles ont empêché que, lors d'une grande reprise des affaires, les ouvriers n'aient pu surélever leurs prétentions et leurs prix, puisqu'elles les obligent à travailler aux tarifs et aux taux rédigés et acceptés longtemps à l'avance.

En maintenant le nombre des ouvriers dans une proportion convenable, ces associations empêchent que, lors d'une activité extraordinaire et par cela même peu durable, les manufacturiers ne puissent augmenter le nombre des ouvriers d'une manière trop disproportionnée. Car lorsque les fabricants sont libres de prendre les ouvriers et de les renvoyer comme ils le jugent convenable, ils n'apprécient souvent dans des moments de presse que le bénéfice temporaire résultant pour eux d'un plus grand nombre de travailleurs, puisqu'en les renvoyant plus tard, ils n'éprouvent aucun dommage de leur départ, tout en ayant eu les profits de leur concours. Mais les conséquences d'une pareille conduite, pour être incertaines et éloignées, n'en peuvent pas moins être préjudiciables et malheureuses.

Les unions exercent encore une influence très-grande et très-salutaire sur la moralité des transactions commerciales, chose également avantageuse aux ouvriers, aux fabricants et aux consommateurs.

Lorsqu'un fabricant, peu scrupuleux en fait de loyauté et de bonne foi commerciale, essaie de profiter des temps de chômage, pour obtenir des ouvriers sans travail ou d'une habileté médiocre, des marchandises à prix réduit et de qualité inférieure, l'association y met immédiatement bon ordre lorsque le fait lui est dénoncé, et ce sont les bons fabricants eux-mêmes qui généralement l'en instruisent, toutes les fois que ce cas se présente.

Comme conséquence de ce fait, il règne dans la production anglaise une grande régularité de confection et de qualité, très-avantageuse au vendeur et à l'acheteur. Aussi est-il hors de doute que cette circonstance a contribué et contribue encore journellement pour une large part, à obtenir et à conserver aux produits anglais cette bonne réputation qui fait le succès et la fortune de ceux qui les fabriquent.

Il faut donc convenir que si ces unions ont leur mauvais côté, elles ont également leur bon côté. On prétend même que les fâcheuses manifestations des coalitions que l'on a eu à déplorer dans les premiers temps, ont perdu depuis de leur gravité, que ces crises se passent aujourd'hui d'une manière plus pacifique et se réduisent généralement aux pertes d'argent.

Cependant il est de fait, qu'à la suite des coalitions qui agitèrent il y a deux ans le Lancashire, il y eut encore pas mal de désordres et de troubles, accompagnés de violences et d'attaques contre la propriété.

En effet, il est presque impossible que des actes de violence ne se manifestent dans une lutte aussi irritante, dans laquelle les uns combattent pour leur fortune, les autres pour leur salaire, c'est-à-dire leur moyen de subsistance, et où l'on sait d'avance que, quelle qu'en soit l'issue, vainqueurs et vaincus n'en sortiront que meurtris et avec des pertes considérables.

CHAPITRE VII.

LA RÉGLEMENTATION DU TRAVAIL DES OUVRIERS ANGLAIS EST-ELLE APPLICABLE EN FRANCE?

Lorsque j'observe les mauvais effets de ces coalitions dans un pays comme l'Angleterre, où le respect pour la loi est une tradition, un culte, où la magistrature, la force publique et la police jouissent d'un respect et d'une considération inconnus dans les autres pays, et cela en présence d'une loi qui punit de sept ans de déportation les délits d'intimidation, de menaces et de violences, je me demande quels en seraient les résultats dans des pays où ce profond respect et cette grande considération pour la loi et pour ceux qui sont chargés de veiller à son exécution n'existent pas, ou dont les habitants, par leur constitution sanguine ou nerveuse et par leur esprit belliqueux, sont bien plus disposés à l'exagération et aux manifestations passionnées et violentes que les Anglais, chez lesquels domine le tempérament froid, calme et flegmatique.

D'ailleurs, l'habitude de jouir d'une grande liberté individuelle est entrée dans les mœurs et dans les coutumes du peuple anglais, qui a appris à en user sans en abuser; aussi, en Angleterre, les mœurs et coutumes suppléent souvent à la loi, et l'on a pu y admettre sans danger cette maxime: « ce que la loi ne défend pas est permis;» car, aux yeux d'un Anglais, manquer aux us et coutumes, c'est manquer à la loi.

De plus, les Anglais sont habitués de longue date à s'ûnir et à se réunir pour la défense de leurs intérêts civils et politiques; les grandes réunions (*meetings*) de cinquante mille et de cent mille personnes et au delà y sont assez fréquentes; elles s'assemblent et se séparent sans aucun danger pour la paix publique et sans que l'autorité ou la police aient besoin d'intervenir.

Cela provient de ce que les Anglais sont imbus du plus vif sentiment de légalité et qu'ils comprennent que les réformes ne s'obtiennent point par le désordre et la frayeur des agitations, mais par la puissance de l'opinion publique. Dans ces luttes, le parti vaincu se résigne d'autant plus facilement aux conséquences de sa défaite, qu'il a la conviction que cette même résignation lui est nécessaire de la part de son adversaire pour jouir paisiblement de la victoire lorsqu'il parviendra à la remporter à son tour. Ensuite ces réunions ont toujours lieu dans un but spécial, connu d'avance de tous et dont il serait impossible de les faire dévier. Car, si l'Anglais connaît ses propres droits et les défend si bien, c'est qu'il sait que pour réussir il lui faut avant tout respecter les droits des autres.

Il n'en est pas ainsi en France, où l'on peut se réunir dans un but et en atteindre un tout différent. On est, par exemple, invité à un banquet, et c'est à une révolution qu'on assiste. Les masses, chez nous, sont encore trop facilement dupes de quelques meneurs, et ceux-ci, à leur tour, sont débordés par de plus rusés ou de plus passionnés qu'eux; nous ne savons jamais nous modérer, ni nous arrêter à temps, et voilà pourquoi nous démolissons avec une si étonnante légèreté, tout en ayant une peine extrême à fonder quelque chose de durable.

En 1830, on ne demanda d'abord que le retrait des ordonnances; ceci obtenu, on poussa à l'abdication, et lorsque celle-ci fut accordée, on trouva que c'était trop tard et l'on opéra un changement de dynastie.

En 1848, on voulut une réforme électorale; la royauté cédant, on exigea l'abdication; l'abdication une fois donnée, on proclama la république. Les républicains (et je parle ici des vrais et sages républicains) s'imaginèrent avoir cette fois-ci gagné leur cause d'une manière durable; mais bientôt des hommes plus avancés qu'eux demandèrent *la république démocratique;* et, après que celle-ci eût été accordée, d'autres plus avancés encore voulurent *la république démocratique et sociale;* et tous ceux qui demandaient cette dernière qualification, l'interprétaient chacun à sa manière. Et, chose incroyable! malgré leur divergence d'opinion et malgré le vague et l'inconnu du mot *social*, ils parvinrent néanmoins à exciter et à ameuter le peuple et à l'entraîner à la bataille la plus fratricide qui ait jamais été livrée dans les rues de Paris.

Mais, au lieu de la *république rouge* vers laquelle on poussait les masses, c'est l'*empire* qui a surgi, aux acclamations du peuple; et ces acclamations n'étaient pas sans motifs bien fondés; car si l'empire ne s'était pas fait le 2 décembre, il serait arrivé plus tard. Nous marchions à grands pas vers la guerre civile et vers de formidables bouleversements; et, dans ces circonstances, il n'y a qu'un gouvernement absolu qui puisse rétablir l'ordre et la sécurité nécessaires au corps social, tout comme il faut l'emploi de la force pour séparer et sauver des personnes ivres qui se battent avec un aveugle acharnement.

Et pourquoi le peuple, qui a voté pour la république rouge, a-t-il ensuite acclamé l'empire? La réponse à cette question n'est point difficile. Il a voté pour la république rouge, parce qu'on lui avait fait espérer qu'elle lui procurerait une plus grande somme de bien-être ; il a ensuite voté pour l'empire, parce que le bien-être promis par la république, loin de se réaliser, avait au contraire diminué, faisant place aux douleurs et à la misère, tandis que le premier empire n'avait laissé dans sa mémoire que des souvenirs de gloire, de splendeur et de prospérité ; c'était du reste le seul gouvernement sous lequel les masses populaires aient joué un rôle à la fois important et honorable. En effet, pour bien faire la guerre, il faut des hommes forts et robustes de corps, aussi bien qu'actifs et intelligents; et, comme ces conditions se trouvent plus souvent réunies chez les hommes appartenant aux classes inférieures de la société que chez ceux des classes élevées, il ne faut pas s'étonner si l'empire, malgré sa forme despotique, a laissé de meilleurs souvenirs parmi les gens du peuple que tous les gouvernements libéraux qui lui ont succédé.

Mais il y avait encore d'autres raisons. Comme les monarchies constitutionnelles ne permettent principalement qu'aux hommes instruits et riches d'exercer une grande influence sur les affaires publiques, les masses populaires sont restées pour ainsi dire complétement en dehors de ces gouvernements ; elles n'y ont pu prendre la moindre part et ne les ont connus que sous les rapports les plus fâcheux; c'est ainsi que le peuple s'est vu obligé de payer d'année en année des contributions plus élevées, et quoique cet argent ait servi à solder les désastres de la guerre, à supporter les lourdes charges de la paix armée, à creuser des canaux, à construire des routes, des chemins de fer et à répandre partout les bienfaits de l'instruction primaire, excessivement négligée jusqu'alors, les avantages de ces utiles dépenses n'en ont pas moins passé complétement inaperçus.

N'en profitant point d'une manière directe et appréciable, les masses n'ont pu en estimer la valeur; elles ne se sont pas rendu compte des bénéfices immenses qu'elles en retiraient graduellement, tandis que l'augmentation des charges était pour elles une chose palpable et extrêmement sensible.

Ces charges parurent d'autant plus lourdes et difficiles à supporter, que le gouvernement fit, à plusieurs reprises, de fortes dépenses qui devinrent très-impopulaires, parce que l'opposition s'efforçait de les exagérer et de les dénaturer, et que le peuple n'en voyait que le mauvais côté.

C'est ainsi qu'il comprit parfaitement qu'en accordant un milliard aux émigrés, sa part dans les contributions à payer en serait nécessairement augmentée; mais ce qu'il ne comprit pas, c'est que cet acte de justice et d'équité contribuerait à rétablir et à augmenter la confiance dans le gouvernement et dans les relations sociales, et que les transactions et les affaires en général en recevraient une impulsion favorable.

Par la conquête d'Alger et les dépenses occasionnées pour sa conservation, le peuple sentit vivement que la guerre ne se fait pas sans argent, et que c'est aux contribuables à le fournir; mais il ne comprit pas que l'Algérie pourrait devenir un jour une source de prospérité pour la France, et qu'en attendant elle était une bonne école de guerre pour nos troupes et attirait, en les éloignant de la mère-patrie, une foule d'hommes aux passions ardentes et à l'esprit aventureux.

Mais, en dehors des faits que nous venons de citer, il existait pour le peuple un sujet de mécontentement bien plus grand et plus constant, provenant de l'augmentation progressive du nombre et des appointements d'employés et de fonctionnaires de toutes qualités. Si cette augmentation ne s'était fait sentir que par un surcroît de contributions, le mal aurait été moindre; mais comme les nouveaux fonctionnaires cherchaient à témoigner leur gratitude par un zèle peut-être exagéré, et que les anciens imitaient leur exemple et redoublaient d'ardeur, soit pour obtenir de l'avancement, soit pour se maintenir en place, tout cela, le plus souvent, se traduisait pour le peuple en vexations, en chicanes, en privation de choses jusqu'alors tolérées, en poursuites, en procès, etc. Il ne faut donc pas s'étonner que le peuple ait pris généralement les employés et les fonctionnaires en aversion, et que, par ces raisons, le paysan et l'ouvrier de certaine province aient fini par attacher un sens peu bienveillant à la qualification de *Messieurs*, qu'ils accordent généralement aux personnes d'un rang plus élevé.

A mon avis, rien ne discrédite autant un gouvernement, rien ne lui aliène autant l'affection du peuple, que les vexations et les actes arbitraires des fonctionnaires subalternes; contre ces actes, il n'y a le plus souvent aucun recours; car un procès entre des particuliers et l'État, c'est le choc du pot de terre contre le pot de fer.

Je crois que les gouvernements constitutionnels de France ont commis une grande faute en étendant et en augmentant outre mesure les fonctions publiques. Il se peut qu'il en soit résulté une légère amélioration et une plus grande promptitude dans l'expédition des affaires, et qu'on ait réussi à placer ainsi beaucoup de personnes méritantes, qui auraient peut-être eu de la peine, sans cela, à suffire à leurs besoins; mais, en définitive, je pense que le bien qu'on avait sans doute en vue a été dépassé de beaucoup par le mal qui est résulté des mesures adoptées.

Effectivement, par cette facilité d'obtenir des places du gouvernement et de vivre alors sans souci et aux dépens du budget, on a éloigné les hommes des affaires, on leur a désappris à compter sur eux-mêmes et à stimuler leurs facultés pour se créer d'autres positions honorables et utiles, soit dans le pays, soit à l'étranger. Au lieu de les pousser à devenir producteurs, on les a presque réduits au simple rôle de consommateurs.

En ajoutant à cela qu'en France les fonctions publiques donnent *puissance et considération*, il ne faut pas s'étonner que tant d'hommes s'efforcent à devenir fonctionnaires et à rechercher les places du gouvernement.

C'est non-seulement une manie, mais une véritable course au clocher; c'est le rêve et l'ambition du grand nombre de ceux qui ont reçu quelque instruction; et le plus souvent ce n'est qu'après avoir reconnu l'impossibilité d'atteindre le but de son désir, que le jeune homme se décide à devenir un homme indépendant, en se livrant au commerce, à l'industrie ou à l'agriculture.

Il en est de même en Italie pour ce qui concerne le clergé. Chacun y cherche à devenir moine ou abbé, parce que la puissance et la considération s'attachent à cette position, tandis qu'en Angleterre un homme qui se sent quelque valeur entre dans le commerce ou dans l'industrie, s'occupe d'agriculture, d'arts ou de sciences, mais évite de devenir fonctionnaire public.

Pour tout homme de jugement, le bien et le mal résultant de l'un et de l'autre système, sont faciles à découvrir ; et il faut espérer qu'on finira par s'apercevoir en France de la fausse route qu'on suit. Il est grandement temps de changer de direction, parce que l'exagération ne peut pas durer et que la raison nous commande d'observer une sage modération en toutes choses, même dans celles qui nous paraissent avantageuses, car ce sont précisément celles-ci que nous aimons à pousser à l'excès; et je crois qu'il en est ainsi de la centralisation bureaucratique et de la multiplication infinie des fonctions publiques.

Cependant je ne conseillerais pas de tomber dans l'extrême opposé; ce qu'il y a de mieux à faire lorsqu'une chose présente des inconvénients, c'est de combattre ceux-ci, tout en conservant ce qui a été reconnu bon et utile. Aussi ai-je lu dans le temps avec un bien grand plaisir la remarquable circulaire de M. de Morny, dans laquelle il recommande aux fonctionnaires de bien se pénétrer de cette vérité, qu'ils sont là pour le public et non le public pour eux [1].

[1] Il y aurait peut-être moyen de parer plus efficacement aux inconvénients que nous venons de signaler, en accordant, sous la surveillance du gouvernement, une influence plus réelle et un pouvoir plus étendu

En me permettant de relever ici quelques fautes politiques des gouvernements constitutionnels, je ne pense pas avoir fait une digression inutile, ni m'être livré à des récriminations tardives, encore moins de m'être donné la tâche facile d'indiquer après coup les moyens par lesquels ces fautes auraient pu être évitées. Mais, comme ces considérations touchent de près au sujet faisant l'objet de nos études, j'ai cru devoir indiquer les fautes commises dans l'émancipation politique, afin qu'on puisse les éviter dans l'émancipation civile, c'est-à-dire dans celle du travail.

Il est évident pour moi que si l'émancipation politique se trouve retardée, la faute en est principalement aux hommes qui nous ont gouvernés; ils avaient pris pour drapeau la liberté, mais ils n'ont montré ce drapeau qu'à l'imperceptible minorité de leurs concitoyens; pour les masses, pour le peuple, il est resté constamment caché.

Pendant les trente-cinq années du gouvernement constitutionnel, aucune mesure vraiment populaire n'a été prise, aucune loi n'a été votée pour impressionner le peuple, afin de lui faire chérir, aimer et estimer les institutions libérales qui le régissaient.

aux autorités locales et départementales. Mais comme l'exposition de cette idée exigerait des développements trop longs pour pouvoir être placés ici, je me borne à la mentionner, dans l'espoir que des hommes plus compétents voudront s'en occuper et résoudre la question dans l'intérêt et à la satisfaction de la France.

Aussi les a-t-il laissé tomber, sans manifester aucune douleur, aucun regret, et lorsqu'on lui en demandait les motifs, le paysan comme l'ouvrier répondait : « Mon Dieu, qu'est-ce que nous fait la « liberté? Nous ne lisons pas de journaux, nous n'en-« tendons rien à la politique, nous ne connaissons « aucun avantage, aucun privilége qu'elle nous ait « procuré ; lorsque nous avions à nous plaindre ou « à faire une demande, on nous envoyait de Ponce « à Pilate, c'est-à-dire d'un Monsieur à un autre, « et après nous être épuisés en démarches et en ar-« gent, nous n'obtenions pourtant rien. »

Quel autre langage ne tiendraient pas dans ces cas les peuples anglais et américains? Eux, qui sont si fiers de leur liberté individuelle et qui attachent une si haute importance à la large part d'influence qui leur revient dans la gestion des affaires de leur pays!

Toutefois, comme je l'ai déjà fait observer, il ne faut pas s'en prendre au peuple, mais bien à ceux qui l'ont gouverné. Il ne suffit pas qu'un gouvernement soit bon en théorie, il faut encore qu'il le prouve par des actes; pour se faire apprécier par les masses, il est nécessaire d'établir une administration et de décréter des lois dont elles puissent elles-mêmes reconnaître et apprécier la bonté et les avantages.

Donc, si les institutions constitutionnelles n'ont pas pris racine dans le peuple, c'est que les chefs n'ont pas voulu ou n'ont pas su le faire participer aux avantages et aux bienfaits de ces institutions. De là indifférence et abandon de la part des masses.

On objectera peut-être qu'il n'est pas facile de faire l'éducation politique d'un peuple, ni de voter des lois assurant au gouvernement une popularité durable; que les affections populaires sont très-inconstantes et peu sûres; que les masses ne sont sensibles qu'au succès et cèdent plus facilement à la force qu'au raisonnement.

Sans vouloir ici discuter le fort ou le faible de ces considérations, je répondrai cependant : Si telles étaient vos convictions, il fallait au moins agir en conséquence et vous abstenir de tout ce qui pouvait affaiblir dans le peuple le respect pour l'autorité; au lieu de marchander son pouvoir au gouvernement, il aurait fallu le fortifier et lui assurer l'appui d'une force armée dévouée et capable de le protéger contre des attaques injustes ou aventureuses. Il est autant dans l'intérêt du gouvernement d'avoir pour lui la force et la puissance, qu'il est important pour le peuple d'avoir un gouvernement capable de développer le plus possible son bien-être intellectuel et matériel.

Quoi qu'il en soit et pour éviter que les fautes commises dans le développement politique des peuples ne se reproduisent également dans leur développement industriel et ne contrarient, n'ajournent ou ne reculent ainsi la marche vers la centralisation, qui en assurera la stabilité et la prospérité, je supplie les chefs de ne pas se séparer cette fois du peuple, ou, en d'autres termes, je supplie les fabricants de faire cause commune avec leurs ouvriers et de ne pas s'efforcer à garder momentanément pour eux seuls les avantages de cette centralisation, mais d'y faire participer immédiatement et largement leurs ouvriers et les consommateurs : c'est le moyen le plus certain d'en assurer le succès et la durée.

Je crois que, moyennant les conseils de manufacture dont j'ai proposé la formation, nos fabricants atteindront plus sûrement ce but que les Anglais avec leurs coalitions : ce qui ne me plaît pas dans le système anglais, c'est qu'il établit un état d'antagonisme permanent entre fabricants et ouvriers ; il les habitue à se considérer comme ennemis, qui restent l'arme au bras l'un vis-à-vis de l'autre en formant deux camps séparés.

Il faut, au contraire, rapprocher autant que possible les deux parties, car c'est une grande erreur de croire que les intérêts des fabricants soient en opposition avec ceux des ouvriers et qu'ils doivent vivre nécessairement en état d'hostilité les uns avec les autres.

Ce qui est vrai, c'est qu'ils ont les mêmes intérêts : plus les ouvriers gagnent, plus les fabricants prospèrent ; le bien des uns est le bien des autres, comme le mal des uns fait le mal des autres.

Il en est du corps industriel comme du corps humain, dont les différentes parties sont tellement liées entre elles, qu'un organe ne peut souffrir sans que les autres en soient affectés.

Certes, il n'y a pas de règle sans exceptions, et je ne veux nullement contester qu'il n'y ait des industriels très-avides, peu consciencieux et surtout peu soucieux du lendemain, qui cherchent à augmenter leurs bénéfices au détriment de leurs ouvriers.

Cependant, il faut en convenir, ces cas sont rares ; je crois même qu'ils n'existent pas dans les fabriques d'une certaine importance, et il est indubitable pour moi que, plus nous marchons vers la centralisation, plus il deviendra impossible aux manufacturiers de commettre des actes empreints de partialité, de dureté, d'avidité ou d'injustice à l'égard de leurs ouvriers. Il est même certain, quoique le fait puisse paraître paradoxal, que plus les manufacturiers agrandissent et développent leurs établissements, moins ils gagnent proportionnellement, tout en augmentant leurs bénéfices annuels.

C'est ainsi qu'un fabricant, qui ne fait que pour

100,000 fr. d'affaires, est obligé de prendre 10 % de bénéfice, pour gagner 10,000 fr.; il peut réduire ce bénéfice à 5 % et gagner 20,000 fr., s'il parvient à vendre pour 400,000 fr. C'est là le secret du succès des grandes manufactures, et ce fait prouve en même temps que, plus les établissements industriels s'agrandiront et plus leur vente sera importante, plus les fabricants pourront réduire leurs bénéfices; d'où il résulte clairement, que l'intermédiaire le plus avantageux pour vendre les produits de l'ouvrier, c'est le manufacturier dont le chiffre d'affaires sera très-considérable.

Si l'ouvrier travaillait pour son propre compte ou pour celui d'un patron ou d'un petit fabricant, il lui serait impossible de fournir ses produits à la consommation à aussi bon marché.

Le fabricant, loin d'exploiter l'ouvrier, en est donc l'auxiliaire le plus avantageux, le coopérateur le plus dévoué.

CHAPITRE VIII.

AMÉLIORATIONS DIVERSES RÉSULTANT DE LA CENTRALISATION INDUSTRIELLE.

Je viens de dire que le fabricant est l'auxiliaire le plus avantageux et le coopérateur le plus dévoué de l'ouvrier.

A l'appui de ce que j'avance, j'indiquerai ici quelques renseignements, que trois fabricants ont bien voulu me fournir.

Le premier occupe 250 ouvriers, gagnant de 1 fr. 50 à 5 fr. par jour; il possède un capital de 500,000 fr. et en additionnant ses gains nets depuis quatre ans (de 1850 à 1854), il trouve une moyenne annuelle de 25,000 fr.

Le second occupe 800 ouvriers, gagnant de 1 fr. 50 cent. à 10 fr. par jour; son capital est de un million et il gagne 40,000 fr. par an.

Le troisième occupe 1800 ouvriers, gagnant de 1 fr. 50 cent. à 10 fr. par jour; il possède près de deux millions; ce fabricant a beaucoup de frais d'amortissement, etc.; il m'a assuré que, toutes déductions faites, il ne lui restait pour bénéfice net (toujours calculé sur une moyenne de quatre années), qu'environ 80,000 fr.

Tous les trois ont acquis leur fortune en partie par héritage, en partie par alliance et en partie par les bénéfices de leur industrie. Tous les trois, outre leur propre fortune, ont en mains des capitaux étrangers, qu'ils font valoir, dont ils paient 5 % d'intérêts, et qui leur ont été fournis par des parents et par quelques commanditaires.

Deux d'entre eux ont aussi des fonds provenant de crédits ouverts chez des banquiers et qui leur coûtent 6 %. Ils ont été obligés d'avoir recours à ces crédits par suite des grandes pertes qu'ils avaient éprouvées en 1848 et 1849, et quoiqu'ils les aient remboursés en grande partie, ils n'ont pu encore les solder entièrement.

Il y a quelques intéressantes et utiles déductions à tirer de ces renseignements; car, bien que ces faits ne s'appliquent ici qu'à des cas spéciaux, nous croyons qu'ils se rencontrent très-souvent dans l'industrie en général.

Le premier fabricant, employant 250 ouvriers, gagne par ouvrier 100 fr. par an, le second gagne par ouvrier 50 fr., et le troisième 44 fr.

Il en résulte que le premier gagne, outre les 5 % d'intérêts qu'il compte pour son argent, environ 5 %, c'est-à-dire, en tout 10 %. Le second gagne en intérêts et bénéfices 9 % et le troisième également 9 %.

Certes, en considérant le travail personnel fourni par chacun de ces manufacturiers et les grandes chances de perte auxquelles il est exposé, il n'y a rien d'exagéré dans ces bénéfices.

Examinons maintenant ces chiffres sous un autre point de vue, et voyons quel serait l'avantage pour les ouvriers si l'on confisquait la fortune de ces trois fabricants, pour la partager entre eux.

Dans ce cas :

Chaque ouvrier du premier fabricant recevrait pour sa part . . . . 2000 fr.

Idem du second . . . . 1250 fr.

Idem du troisième . . . . 1111 fr.

Mais en songeant qu'une liquidation, indispensable pour le partage, réduirait probablement ces fortunes de moitié, il devient évident que les parts ne seraient plus que de 500 à 600 fr. par ouvrier. Or, cette somme ne représenterait qu'environ six mois à un an du montant de leur salaire actuel.

Quelle différence avec les petits artisans ou les anciens maîtres ou patrons qui, très-souvent, quoique n'occupant que deux ou quatre ouvriers, possédaient des fortunes de 15, 20 et 40,000 fr., soit 6000, 8000 et 10,000 fr. pour chaque ouvrier! Une proportion semblable s'observe quant aux bénéfices;

au lieu de gagner chaque année, comme les fabricants, de 50 à 100 fr. par ouvrier, les petits artisans ou patrons gagnaient parfois sur chacun de 400 à 500 fr., et souvent plus encore.

En présence de ces chiffres, ce n'est certes pas le grand fabricant auquel on peut adresser le reproche d'exploiter d'une manière exagérée le travail de ses ouvriers.

Nous concéderons volontiers que c'est beaucoup pour le fabricant, qu'un bénéfice de 50 fr. sur un ouvrier qui n'en gagne que 450 fr.; mais, par contre, nous ferons aussi observer que cela fait peu sur un ouvrier qui gagne de 1000 à 3000 fr.

Du reste, il faut considérer que le bénéfice du fabricant ne se compte pas à tant par ouvrier, mais à tant pour cent sur la totalité de sa production. La fixation du salaire dépend de considérations tout autres; sa loi principale est le rapport de l'offre à la demande : les salaires baissent lorsque les bras sont abondants et le travail rare ; ils s'élèvent lorsque l'inverse a lieu.

Le taux de la main-d'œuvre se base en outre sur l'habileté, le zèle et l'intelligence de l'ouvrier, sur le cours habituel du prix de la journée dans les contrées où se trouve l'établissement, ou sur les besoins de l'ouvrier et de sa famille. Depuis une dizaine d'années, par suite surtout de la maladie des pommes de terre, le pain et les vivres en général ayant renchéri, les fabricants ont cherché à hausser les petits salaires, afin de conserver la santé à leurs ouvriers et de les maintenir en état de continuer leur travail: là où la concurrence s'opposait à l'augmentation des salaires, les fabricants ont eu la précaution de s'assurer dans les moments favorables des approvisionnements de denrées alimentaires, qu'ils ont ensuite distribuées à leurs ouvriers pendant les mauvais mois de l'année au prix coûtant, souvent à des prix réduits et même gratuitement aux plus nécessiteux.

Nous voyons par ces détails que, quelle que soit la réglementation ou l'organisation du travail, les avantages qui en découleraient seraient très-minimes, s'il fallait les partager entre tous les ouvriers, même en cas de monopole, qu'il se trouvât entre les mains des fabricants ou entre celles des ouvriers eux-mêmes. Car, en parlant de monopole, j'entends bien qu'il ne s'exercerait jamais sans la surveillance du gouvernement, et celui-ci ne permettrait certainement pas qu'un établissement quelconque eût la faculté d'exploiter impunément ses concitoyens, dans le but de pouvoir donner de hautes paies à ses ouvriers ou de réaliser des bénéfices déraisonnables.

Mais si la centralisation, comme toute autre institution, est impuissante à donner la fortune et le bonheur à chacun, elle pourra cependant contribuer pour beaucoup à l'amélioration du bien-être matériel et intellectuel des travailleurs.

C'est ainsi que par la fusion de plusieurs établissements similaires, on obtiendra une grande économie dans les frais de fabrication et de placement; les fabricants assurés d'une production et d'une vente constantes à des prix réguliers se contenteront d'un bénéfice moindre qu'actuellement, où la concurrence illimitée et effrénée les oblige à mettre des capitaux en réserve pour les mauvais jours. En outre, la grande solidité des établissements fusionnés et la confiance et le crédit dont ils jouiront, diminueront sans doute pour eux l'intérêt de l'argent; il est même probable que, dans ce cas, ces sociétés ne paieront pas plus de 3 %, comme cela a déjà lieu en Angleterre. En estimant maintenant que les fabricants pourront, par les raisons ci-dessus énumérées, réduire peut-être de moitié leurs bénéfices actuels, c'est-à-dire se contenter de 5 ou 6 % pour bénéfices et intérêts, il en résultera une différence de 4 à 5 % sur les intérêts et bénéfices gagnés aujourd'hui.

Et, pour revenir à l'exemple des trois manufacturiers cités plus haut, il s'ensuivrait que cette réduction d'intérêts et de bénéfices donnerait au premier fabricant une économie de 80 fr. par ouvrier et par an, au troisième de 44 fr. par ouvrier et par an, sans compter celle qui proviendrait des diminutions de frais de fabrication et de vente par suite de la fusion.

En laissant jouir les consommateurs de cette dernière économie et en appliquant l'autre au bien-être des ouvriers gagnant au-dessous de 1,000 fr., et j'admets, ce qui certainement est exagéré, que chez le troisième fabricant (le cas le moins favorable) les trois quarts des ouvriers, c'est-à-dire 1,350, se trouvent dans cette catégorie, il en résulterait qu'on pourrait augmenter les salaires de ces 1,350 ouvriers d'environ 60 fr. par an, et que de cette manière leur revenu s'améliorerait de 1/5, 1/10 et 1/15, ce qui assurément n'est pas sans importance, eu égard à la modicité du chiffre des salaires et surtout puisque fréquemment plusieurs membres d'une même famille se trouveront en jouissance de cet avantage. Cependant, en considérant que ces 60 fr. par an font à peine 20 centimes par jour, l'on reconnaît qu'il y a bien loin de ce modeste résultat aux illusions et aux espérances exagérées de 1848.

Encore faut-il, pour réaliser ce léger progrès, que nous jouissions d'une parfaite sécurité et que l'industrie soit arrivée à une organisation forte, active et intelligente. Avec la guerre, des troubles ou des révolutions, il n'y faudrait pas songer, pas plus qu'avec la dissémination actuelle de la production et la concurrence ardente et ruineuse à laquelle elle entraîne.

Pour porter la lumière dans les esprits il n'y a rien de tel que les chiffres, et c'est par cette raison que j'ai indiqué l'état de situation des trois établissements cités plus haut.

A la vérité, tous les établissements industriels ne sont pas dans le même cas; il y en a qui gagnent proportionnellement beaucoup plus; il y en a qui gagnent beaucoup moins, comme il y en a qui perdent et se ruinent.

J'ai fait de nombreuses recherches et de laborieuses investigations à cet égard; j'ai recueilli beaucoup et de précieux renseignements, et il en ressort pour moi la conviction la plus profonde, que si les ouvriers pouvaient confisquer à leur profit toutes les fabriques et toutes les manufactures, telles qu'elles se composent actuellement, avec leurs immeubles, leur matériel et même leurs fonds de roulement, pour en réaliser la valeur et la partager ensuite entre eux, *ils n'y trouveraient pas de quoi vivre pendant six mois au taux actuel de leur salaire.*

Et s'ils pouvaient s'en emparer sans aucune indemnité, n'ayant par conséquent aucun intérêt à payer, pour les exploiter entre eux et à leur profit, je suis persuadé qu'avant peu l'immense majorité de ces usines seraient au-dessous de leurs affaires, et que leur déconfiture et leur ruine suivraient de près.

Ceci devrait cependant ouvrir les yeux aux moins clairvoyants; c'est pour atteindre ce but que je suis entré dans ces détails, et je les ai rapportés avec une entière bonne foi et avec la plus grande impartialité, étant parfaitement convaincu de leur justesse et de leur exactitude.

Si je crois à l'erreur, il me répugne de supposer qu'un homme puisse, dans un intérêt général, avancer sciemment une opinion ou un chiffre dont il aurait connu la fausseté; je suis, au contraire, convaincu que tous les novateurs, les hommes à système, et pourquoi n'ajouterais-je pas les socialistes? croyaient être dans le vrai en nous présentant leurs plans de réforme.

C'est à ceux qui ne partagent pas leur manière de voir à réfuter leurs erreurs et à combattre leurs systèmes; cependant, tout en remplissant ce devoir, il ne faut pas négliger de bien approfondir les choses, car il est toujours vraisemblable, lorsque de fortes plaintes et des cris de douleur s'échappent du sein des masses, qu'il y a des plaies à panser ou des maux à extirper.

C'est ce que je cherche à faire, heureux si ma faible voix est écoutée; dans tous les cas, persuadé d'avoir rempli mon devoir selon ma conscience.

J'engage donc vivement les ouvriers, et, en général, toutes les personnes que cette question intéresse et qui peuvent avoir de l'influence sur sa juste solution, de l'étudier et de s'éclairer les unes les autres; je ne doute pas qu'elles reconnaîtront bientôt avec moi que, pour arriver à une bonne constitution du travail, l'intervention du fabricant est non-seulement de la plus haute utilité, mais qu'elle est indispensable. Engagé par sa fortune, par son honneur et par la force des circonstances, il déploiera dans l'accomplissement de cette œuvre tout le zèle, toute l'intelligence dont il est capable; personne ne pourrait le suppléer dans ce travail qui exige une grande expérience et des connaissances spéciales, lesquelles ne s'acquièrent qu'après une longue vie de pratique dans cette carrière.

Il y a des personnes qui penseront peut-être que les avantages modestes que je prévois dans l'amélioration du bien-être matériel des travailleurs, sont insuffisants et ont quelque chose de décourageant. Mais je prie ces personnes de vouloir bien considérer que le bien-être matériel des ouvriers et de chaque homme ne consiste pas seulement dans son gain, mais aussi dans la facilité de pourvoir à ses besoins et de se procurer des jouissances raisonnables. L'ouvrier est aujourd'hui généralement mieux logé, mieux meublé, mieux habillé, mieux nourri et plus instruit qu'autrefois, et plus nous avançons, plus cet état de choses tendra à s'améliorer. Ce qui s'est fait sous ce rapport depuis une vingtaine d'années seulement, nous est un sûr garant que nos prévisions ne nous tromperont pas.

Quant aux jouissances, il en est de même : chacun de nous s'empressera de reconnaître qu'à aucune époque, elles n'ont été à la portée de tout le monde comme elles le sont maintenant. Aujourd'hui, par exemple, l'ouvrier peut voyager avec autant de rapidité, à meilleur marché et presque aussi commodément que le plus riche d'entre nous.

Autrefois, pour faire cent lieues, le pauvre était obligé de marcher pendant douze jours et perdait ainsi la 30e partie de son gain de l'année; aujourd'hui, il fait les cent lieues en un seul jour et ne perd plus que la 360e partie de son salaire annuel, et certes, le prix actuel des chemins de fer ne se monte pas aussi haut que ne s'élevaient autrefois ses frais de voyage pendant douze jours, sans compter la plus grande fatigue, l'usure des vêtements et le danger pour sa santé. Quel avantage ne résulte-t-il pas pour les classes inférieures de cette facilité de locomotion, soit pour répondre aux exigences de la vie, soit pour contenter un désir, soit pour se procurer un amusement ? S'agit-il de jouissances d'esprit : musées, concerts, théâtres, livres, journaux, etc., jamais ils n'ont été autant à leur portée. S'agit-il de jouissances matérielles : jeux de toutes espèces, danses, fêtes, etc., l'on peut se les procurer avec la plus grande facilité.

Donc, d'après nos prévisions, il y aura pour les ouvriers, d'un côté, augmentation de gain, même assez considérable pour un certain nombre d'entre eux, et de l'autre, plus grande facilité de pourvoir à leurs besoins et de satisfaire leurs goûts.

L'on objectera, il est vrai, qu'il n'y a rien de stable dans cette situation; que l'ouvrier possède tout cela, tant qu'il reste en bonne santé, tant qu'il est à même de travailler et qu'il conserve son salaire; mais que la plupart d'entre eux ne gagneront pas assez pour faire de fortes économies, afin de se créer une fortune convenable ou suffisante pour en vivre eux et leurs familles.

Depuis de longues années, et bien avant la dernière révolution, ces questions ont préoccupé mon esprit; je me suis efforcé de leur trouver une solution satisfaisante et conforme à mes sentiments; mais en vain ! Le bonheur parfait n'est pas de ce monde, la richesse et la fortune ne tomberont jamais en partage qu'au très-petit nombre, et nous pouvons nous estimer heureux, si nous parvenons à assurer le nécessaire aux masses et à préserver de la misère ceux qu'elle poursuit.

L'émigration vers des contrées moins peuplées peut certes encore présenter aux hommes pendant un grand nombre de siècles des chances de faire fortune et d'acquérir les avantages qui s'attachent à la richesse; mais peu à peu tout se nivellera, et sans doute les autres parties du monde se trouveront un jour dans des conditions à peu près pareilles à celles qui existent aujourd'hui en Europe.

Qu'en résultera-t-il? Personne ne saurait le dire. Cependant, sans vouloir pénétrer les secrets de l'avenir, il est permis de croire que des perfectionnements, des inventions et des découvertes importantes viendront successivement exercer une haute influence sur les conditions d'existence des hommes, soit en augmentant considérablement la production agricole et industrielle, soit en procurant de grandes économies dans la consommation des divers produits et objets qui nous sont nécessaires.

Néanmoins, et quelques progrès que nous puissions faire, il n'en résultera jamais un état de choses parfait, ni un bonheur absolu, car le plaisir ne doit pas seul remplir la vie des hommes sur cette terre, c'est surtout le travail; c'est à la sueur de leur front qu'ils sont obligés de gagner leur pain, et il en sera probablement toujours ainsi. Il est donc à présumer que les privations et les malheurs continueront à tourmenter et à affliger l'humanité; mais loin de reconnaître dans ce fait les indices d'un état stationnaire ou rétrograde, j'y vois, au contraire, une cause de progrès et d'avancement vers le bien.

Effectivement, les maux de cette terre doivent avoir leur raison d'être, même si celle-ci restait à jamais au-dessus de la portée de notre faible intelligence; car, il serait très-facile au Créateur tout-puissant de nous donner chaque année non-seulement des récoltes abondantes, mais encore abondance en toutes choses, en santé, en bonheur et en biens de toutes sortes.

C'est pour moi une consolation de croire, que le mal qui existe sur cette terre fait mieux connaître et apprécier le bien. Et comme, pour acquérir le bien, il faut combattre le mal, il en résulte une lutte permanente qui nous oblige à développer et à fortifier nos facultés, et qui, en purifiant notre âme, nous prépare d'autant mieux à une vie future.

Une pareille croyance nous élève et nous console en même temps; elle nous donne des forces pour supporter avec patience et courage les rudes épreuves, les grandes afflictions et les immenses douleurs que la Providence nous envoie et dont aucun de nous n'est affranchi.

Tous, le plus petit comme le plus grand, le plus faible comme le plus fort, le plus pauvre comme le plus riche, y sont soumis. Telle est la volonté de Dieu, telle est la loi de la nature.

Certes, il y a des heureux et des malheureux sur cette terre ! Mais même les plus heureux éprouvent des malheurs, qui les affectent d'autant plus cruellement qu'ils y sont moins habitués.

Oui! pour juger du bonheur ou du malheur d'un homme, il faudrait savoir ce qui se passe dans son intérieur, il faudrait pouvoir pénétrer dans les replis les plus profonds de son cœur et de son âme, et alors nous trouverions bien souvent que tel que nous considérions comme un des heureux de la terre, en est en réalité un des plus malheureux.

Sans vouloir entrer ici dans le système des compensations, il faut pourtant reconnaître que nous les constatons à chaque instant. Tel qui est riche, manque souvent de santé; tel qui est fort et robuste peut manquer d'esprit; tel qui est beau manque quelquefois de talent et de grâce; tel qui a de l'esprit et du talent, est souvent maltraité par la fortune ou par la nature.

Aussi, la religion nous enseigne-t-elle de nous contenter du sort qui nous est dévolu et des biens que Dieu nous a accordés, et de supporter avec résignation les douleurs et les privations que nous avons à endurer.

La raison nous apprend à son tour que moins nous

avons de besoins, plus nous avons de chances de vivre heureux et contents.

En effet, en voyant chez le riche qui travaille (car le riche qui ne travaille pas, le riche oisif et fainéant, constitue une anomalie sociale qui doit devenir de plus en plus rare), les agitations et les tourments d'esprit qui sont la conséquence presqu'inévitable de sa position et de ses nombreuses relations, l'homme sage n'enviera certainement pas cette vie fièvreuse, si souvent remplie d'inquiétudes, de chagrins et de déceptions.

Peu de pauvres voudraient échanger leur bonne constitution et leur excellente santé, résultant de la vie frugale qu'ils mènent et de l'exercice qu'ils se donnent, contre la constitution affaiblie et la santé délabrée dont sont affligés la plupart des hommes opulents, par suite d'une nourriture trop excitante, d'un travail trop sédentaire, ou, en général, par une manière de vivre moins appropriée aux besoins du corps et de la santé.

Aussi que va-t-il arriver? C'est que les riches bien inspirés ou avertis par l'expérience rapprocheront plus ou moins leur manière de vivre de celle du pauvre : car simplifier la nourriture et vivre frugalement, c'est le meilleur moyen de vivre longtemps et en bonne santé.

Louis-Philippe, qui était peut-être un des meilleurs

rois, et dont la vie de famille est une des plus belles à imiter, nous a encore montré par son exemple l'heureuse influence d'un bon régime sur la santé et la constitution de l'homme. Élevé lui-même simplement et durement, il régla l'éducation de ses enfants d'une manière conforme à la sienne. Tous ceux qui ont été à même de voir dans leur jeunesse ces princes d'une constitution délicate et frêle, ont été étonnés en les trouvant plus tard changés en hommes forts et robustes, supportant les plus grandes fatigues et les plus grandes variations de température et de climat sans le moindre inconvénient[1].

Eh bien, c'est en exerçant le corps et l'esprit dans de justes proportions, et en se nourrissant frugalement qu'on arrive à de pareils résultats.

Il est donc probable que les riches reconnaîtront

[1] Ce même régime a continué d'être observé dans la famille d'Orléans. En 1851, le comte de Paris, dans une de ses visites à l'exposition de Londres, cédant à la fatigue et à la chaleur, s'évanouit et s'affaissa sur lui-même. Me trouvant placé derrière lui, je le relevai, et, aidé par M. S..., je le portai hors du palais. Grâce au grand air et à quelques soins que nous fûmes assez heureux de pouvoir lui donner, il revint bientôt à lui. Dès qu'il fut un peu remis, Mme la duchesse d'Orléans, sa mère, dont l'amour maternel et la haute raison ne sont ignorés de personne, insista pour que son fils rentrât à l'exposition; et quoique la foule y fût immense et la température suffoquante, le comte, surmontant sa faiblesse, reprit son examen et remplit son devoir jusqu'au bout. Peu de jeunes gens de son âge auraient fait preuve d'autant d'énergie que n'en montra le jeune prince dans cette circonstance.

peu à peu qu'il est de leur intérêt de vivre plus simplement et de renoncer à un luxe de nourriture, de vêtements et de logement, qui amollit le corps, ruine la santé et détruit souvent le bonheur.

Les pauvres, de leur côté, verront que ce n'est pas le superflu qui rend heureux, et qu'ils le deviendront bien plus sûrement en cherchant seulement à acquérir le nécessaire; mais, par malheur, c'est précisément le manque du nécessaire qui les expose souvent à de dures privations et à une grande misère.

Donc, riches et pauvres, forts et faibles, tous enfin éprouvent le désir et le besoin de rechercher *le mieux* et d'améliorer leur sort. Cela est d'ailleurs tout naturel, et c'est même un des plus forts stimulants dont la Providence se sert pour perfectionner les hommes et leur faire accomplir leur destinée ici-bas.

Dans ce désir d'amélioration et de perfectionnement, il n'y a rien qui ne soit conforme à la religion et à la raison, car, la première nous commande de nous corriger de nos défauts, d'acquérir des vertus et d'avancer ainsi vers la perfection morale; la seconde nous ordonne la modération dans nos désirs, afin d'éviter les déceptions et le découragement qui nous empêcheraient de persévérer dans la bonne voie.

Cependant, l'homme, dans son individualité, étant

faible et impuissant, Dieu a établi une grande solidarité entre tous les hommes, pour les obliger à réunir leurs efforts dans l'intérêt commun. C'est ainsi que le riche est tenu d'aider le pauvre; le puissant est forcé de protéger le faible; celui qui est en bonne santé doit venir au secours de celui qui est malade; l'homme intelligent a pour mission de donner l'instruction à celui qui en manque; l'homme vertueux doit moraliser son prochain lorsqu'il est vicieux.

Ici je m'arrête, car cette dernière obligation est la plus importante de toutes celles qui lient les hommes entre eux; elle forme la base de notre édifice social. En effet, sans vertu, sans bonnes mœurs, sans moralité, il n'y aurait pas de société possible, il n'y aurait aucun moyen d'arriver au bien-être, soit intellectuel, soit matériel.

Et cependant cette obligation si importante, si hautement recommandée par la religion chrétienne, est peut-être celle qui est la moins bien remplie.

CHAPITRE IX.

DE LA NÉCESSITÉ DE SAUVEGARDER LES BONNES MŒURS ET DE RÉPRIMER L'IMMORALITÉ.

Si nous avons à déplorer tant d'actes d'immoralité, si les allures éhontées du vice nous scandalisent et nous effraient chaque jour, c'est que les législateurs n'apprécient peut-être pas assez que ce sont les *bonnes lois qui font les bonnes mœurs.*

Je suis le premier à reconnaître que les efforts des ministres des divers cultes contribuent essentiellement à la moralisation des peuples, surtout dans les campagnes où l'on a l'habitude de fréquenter assidûment les églises et d'écouter les sermons.

Mais dans les villes, principalement dans les grandes villes, où l'on se dispense facilement d'assister au service divin, l'influence religieuse se fait moins sentir; souvent même elle y est complétement nulle. Aussi, est-il effrayant de voir les progrès que l'immoralité fait chaque jour dans ces grands centres de population; elle y prend des proportions de plus en plus formidables, et si l'on ne cherche bientôt à l'entraver et à l'arrêter très-sérieusement, j'en prévois les résultats les plus funestes pour l'ordre, la considération et la prospérité de tous les pays qui négligeront d'appliquer un remède efficace à ce mal.

Pour l'arrêter, les prédications et les exhortations du clergé sont insuffisantes; il faut absolument l'intervention de la loi.

La religion défend également d'assassiner, de voler, de tromper, et les prêtres tonnent chaque dimanche, du haut de leurs chaires, contre ces crimes et ces vices; mais il est hors de doute que si la loi ne les réprimait ou ne les punissait très-sévèrement, les assassins, les voleurs et les escrocs infesteraient les rues, porteraient la tête haute et bouleverseraient la société.

C'est précisément là le spectacle que nous offrent les hommes immoraux; du moins dans les pays où la loi est inefficace ou ne frappe les actes d'immoralité que de très-légères punitions.

Nous sommes à nous demander pourquoi cette différence? La loi punit de la peine de mort l'assassin, elle condamne jusqu'aux travaux forcés les voleurs et même les escrocs; mais elle est souvent muette à l'égard de l'homme qui séduit une fille, ou inflige tout au plus quelques semaines de prison à l'adultère. Pourtant tel homme qui a séduit une pauvre fille, la pousse par là souvent au suicide ou à l'infanticide, presque toujours à la honte, à la débauche et à la misère. Et cet homme, qui a causé à son semblable et à la société un mal irréparable, loin de fuir devant la vindicte publique et d'encourir le mépris de ses concitoyens, a souvent même l'audace de se vanter de ses honteux succès; car, par une aberration monstrueuse, l'opinion publique flétrit la victime et absout le séducteur, lequel étant coutumier du fait, ou pouvant se glorifier de plusieurs de ces *conquêtes* (terme usité en pareilles circonstances), reçoit, en vertu de la même logique, le titre d'*homme à bonnes fortunes.*

Cependant le voleur et l'escroc que vous punissez, et avec raison, de peines si sévères, n'ont causé comparativement, à leurs semblables ou à la société, qu'un mal bien moindre et souvent facile à réparer.

On me répondra peut-être que le séducteur, lorsqu'il n'a pas employé la violence (seul cas dans lequel il peut être atteint par la loi), n'a agi qu'avec le consentement de la victime. Mais l'escroc, qui vous donne du plomb contre de l'argent, ou qui vous fait accepter une fausse lettre de change, a également agi avec le consentement de sa victime, et il n'en est pas moins sévèrement puni. Et pourtant qu'a fait l'escroc de plus que le séducteur?

Il a dit à un homme désireux de réaliser un certain gain, donnez-moi 800 fr. en argent et je vous donnerai un rouleau de 1000 fr. en or, en lui cachant toutefois que ce rouleau renfermait des rondelles de plomb au lieu de pièces d'or; et comme ce trafic était assaisonné, de la part de l'escroc, de belles paroles et de promesses trompeuses, il a réussi à endormir la prudence de l'honnête homme et à abuser de sa confiance et de sa naïveté.

Eh bien, le séducteur agit absolument de même. Il fait luire aux yeux de sa victime les avantages des propositions qu'il lui fait; il les accompagne des plus belles protestations et des promesses, en apparence les plus sincères, tout comme l'escroc; seulement, après l'accomplissement du crime, celui-ci se sauve, parce qu'il sait qu'il est sous le coup de la loi, tandis que le séducteur se retire tranquillement, abandonnant sa victime au désespoir et à ses suites terribles; il croit même faire acte de générosité, en ne poursuivant pas de ses sarcasmes celle qu'il a indignement trompée et dont il a flétri l'honneur et brisé l'avenir.

Sous les anciennes monarchies, l'immoralité régnait surtout dans les classes élevées de la société : en France, sous le règne de Louis XV, elle atteignit d'épouvantables proportions ; elle marchait le visage découvert et prenait les allures les plus honteuses et les plus dégradantes. Aussi, n'est-il pas douteux que le mécontentement et le mépris que s'attirèrent à cette époque les classes élevées, et que le règne du vertueux Louis XVI fut impuissant à effacer, n'aient contribué puissamment à la chute de la noblesse et du clergé, lors de la première révolution.

Depuis, l'immoralité a fait irruption dans les classes inférieures et y a progressé d'une manière effrayante ; si on ne l'arrête, elle menace de gangréner le corps social tout entier, et dans ce cas, il ne s'agirait plus seulement de l'abaissement de telle ou telle classe privilégiée, mais bien du bouleversement et de la décadence de toute une nation. Babylone et Rome nous en fournissent de mémorables exemples, et si l'histoire du passé peut nous offrir d'utiles avertissements, c'est bien lorsqu'elle s'appuie sur des faits résultant des passions et des vices des hommes, qui sont toujours les mêmes et produisent les mêmes conséquences funestes, aujourd'hui comme il y a trois mille ans.

En disant que l'immoralité a fait irruption dans les classes inférieures, j'y comprends pour une large part la classe ouvrière. En effet, des grandes villes l'immoralité s'est étendue aux petites et de celles-ci aux campagnes, et aujourd'hui son influence pernicieuse commence à se faire sentir dans le plus petit centre industriel, et pour ainsi dire jusque dans le moindre hameau.

Plus que jamais nous voyons les habitants et les

ouvriers des campagnes se porter vers les grands centres de population, surtout vers les capitales. Ce fait ne s'applique pas seulement aux hommes, mais aussi aux femmes. Si, pour le plus grand nombre l'appât d'un gain plus élevé est la cause déterminante de cette émigration, je ne crois pas me tromper en affirmant que beaucoup d'entre eux y sont surtout attirés par l'attrait des jouissances matérielles, dont le beau côté a frappé leur imagination, mais dont ils n'apprécient pas toujours suffisamment le revers, c'est-à-dire les suites mauvaises ou malheureuses.

Certes, il est possible que la plupart des individus qui se rendent dans les grandes villes le font dans un but utile, et qu'ils poursuivent ce but sans faillir à leurs devoirs. Mais beaucoup d'entre eux s'y rendent uniquement pour y jouir de la vie ou de la jeunesse, ou, en d'autres termes, pour y satisfaire plus à l'aise leurs goûts dépravés et leurs mauvaises passions; et lorsqu'ils reviennent dans leurs foyers, ils y apportent des mœurs corrompues et des vices dont ils empoisonnent ensuite leur localité; ou s'ils se déterminent à « faire une fin, » c'est-à-dire à se marier, ils le font souvent avec un corps usé par les excès et les maladies, et les résultats de ces mariages sont des enfants chétifs, scrofuleux et rachitiques.

Un médecin, de mes amis, qui assiste souvent aux conseils de révision, m'a dit qu'il est déplorable de voir combien le nombre d'hommes propres au service militaire diminue d'année en année, même dans les campagnes.

Il est, du reste, facile à comprendre que l'immoralité, une fois qu'elle a commencé à faire irruption dans toutes les classes, et surtout dans les plus populeuses, ne manquera pas de se développer rapidement et de prendre bientôt des proportions formidables et menaçantes pour la société en général.

A mesure qu'il se développe, ce mal devient plus dangereux et ses excès plus terribles. Il est effrayant de lire chaque jour dans les feuilles publiques les nombreuses relations d'actes de déloyauté, d'escroquerie et de vol commis par des employés, des fonctionnaires, des ouvriers, c'est-à-dire par des hommes des différentes classes de la société, non que la misère ou l'avidité les y pousse, mais bien dans le seul but de dépenser immédiatement le fruit de leurs crimes dans les orgies les plus hideuses.

Je me permettrai de citer encore ici le grand nombre de remplaçants qui se vendent, moins par amour pour l'état militaire, encore moins pour se réserver une ressource pour leurs vieux jours ou pour venir en aide à leur famille, mais bien pour dépenser leur argent en peu de temps dans les débauches[1].

En présentant les grandes villes comme des foyers de corruption et d'immoralité, je répète seulement ce qui se dit journellement; mais on serait injuste et l'on commettrait une grave erreur, si l'on ne reconnaissait en même temps que les grandes villes présentent d'immenses avantages pour les lettres, les sciences, les arts, le commerce, l'industrie et la civilisation en général.

Mais comme le mal se trouve ici-bas toujours à côté du bien, il ne faut pas s'endormir, mais bien l'observer et en suivre les progrès, afin de l'arrêter avant qu'il ne soit devenu trop puissant.

C'est ainsi, qu'après avoir reconnu les inconvénients, sous le rapport de la salubrité publique, d'une trop forte agglomération de personnes, on s'est mis à élargir les rues, à rebâtir les maisons, afin de donner plus d'air et d'espace aux habitants.

Lorsqu'on a remarqué que ces grands centres de consommation favorisaient les fraudes et les falsifications des substances alimentaires, le gouvernement a redoublé de vigilance pour découvrir et punir ces délits.

[1] Il est à présumer que la nouvelle loi sur le recrutement diminuera notablement les fâcheux effets que je signale ici dans la conduite de beaucoup de remplaçants.

Lorsqu'on a vu l'extrême facilité avec laquelle des hommes violents et révolutionnaires compromettaient à chaque instant la sûreté générale et l'ordre public en élevant des barricades dans les rues des grandes villes, on a arraché les pavés et établi des voies stratégiques, afin de rendre de pareilles tentatives plus difficiles, sinon impossibles[1].

Eh bien, ce qu'on a fait dans l'intérêt de la santé et de la paix publiques, je demande qu'on le fasse également dans l'intérêt de la moralité publique.

L'immoralité grandit et se développe de jour en jour davantage, et l'extension de ce mal est encore secondée par les communications promptes et faciles établies par les chemins de fer; aussi est-il grandement temps de lui opposer des digues, si nous voulons empêcher ce torrent destructeur de faire les plus terribles ravages dans nos rangs.

Je crois que tout ce que le gouvernement, tout ce que les fabricants pourraient faire pour améliorer le bien-être matériel des ouvriers resterait inefficace et infructueux, si l'on ne veillait en même temps à leur moralité. Il faut donc chercher à fa-

[1] On s'est beaucoup récrié en France contre la prépondérance politique que la centralisation a donnée à la ville de Paris, mais je crois que c'est à tort; en effet, si les révolutions se décident aujourd'hui presque toujours dans la capitale, il y a plutôt lieu de s'en féliciter, car elles se terminent plus vite, ne sont pas si meurtrières et causent un moindre préjudice à la prospérité générale, que si la guerre civile s'étendait sur toute la surface du pays.

voriser en eux le développement de leurs bonnes qualités, pour les empêcher de tomber dans le désordre et dans la débauche, dont l'exemple leur vient de tous côtés, même quelquefois de la part de personnes qui, par leur position, leur fortune et leur éducation, devraient, au contraire, être pour eux des modèles d'honnêteté, de probité et de vertu.

Les ouvriers, comme tous les parents pauvres, n'ont pas toujours les moyens de conserver leurs enfants auprès d'eux; ils sont obligés de s'en séparer, précisément à l'âge le plus dangereux, pour les envoyer chez des étrangers, soit comme domestiques, soit comme ouvriers, afin de gagner leur vie et de subvenir à leurs besoins.

Que d'inquiétudes, que d'angoisses ne doit pas éprouver aujourd'hui une mère, lorsqu'elle est obligée de laisser ainsi partir sa fille pour une grande ville! Et qu'on ne croie pas que ces sentiments soient moins vifs, moins profonds dans le cœur des pauvres que dans celui des riches! je n'oserais pas même le supposer, car si, par malheur, les parents devenaient indifférents à l'honneur ou au bonheur de leurs enfants, les catastrophes les plus terribles et les maux les plus affreux seraient suspendus sur le genre humain.

J'espère donc que tous les hommes de cœur qui auront observé comme moi le cancer qui ronge notre corps social, redoubleront d'efforts pour chercher à l'extirper.

Si par hasard ces feuilles passaient sous les yeux de quelques législateurs, je les conjure d'accorder une attention sérieuse à l'examen de cette grave question, et je ne doute pas qu'ils ne réussissent bientôt à formuler une bonne loi dans l'intérêt de la moralité et de la société.

En France, surtout, le Sénat doit trouver un puissant encouragement pour une telle loi, dans la vive sollicitude que l'empereur témoigne pour tout ce qui peut consolider et améliorer notre état social, et dans son vif désir de protéger ceux qui ont le plus besoin de protection.

Les lois anglaises ou américaines peuvent fournir d'utiles enseignements à ce sujet : si en Angleterre et dans les États-Unis, une jeune fille peut voyager seule d'un bout du pays à l'autre, sans avoir à risquer la moindre insulte, il faut en attribuer le principal mérite à leurs lois ; les mœurs ne sont que la conséquence de ces lois.

Si, au contraire, dans plusieurs pays de l'Europe, la même sécurité n'existe pas, si la femme isolée n'est pas entourée du même respect et de la même considération qu'en Angleterre et aux États-Unis, il faut s'en prendre avant tout à la défectuosité de la législation.

Quoi qu'on en dise, je pense que la meilleure pénalité à introduire dans une loi destinée à réprimer les délits contre les bonnes mœurs et la morale, ce sont les indemnités pécuniaires, et je ne craindrais pas de fixer des chiffres très-élevés pour maximum et de laisser une grande latitude aux juges dans l'application des peines.

J'éviterais même autant que possible les peines d'emprisonnement (qui souvent sont plus désavantageuses que profitables à la société), en stipulant à la charge des insolvables, des retenues mensuelles opérées d'une manière obligatoire par tous ceux qui les emploieraient. Dans le cas où il répugnerait à la victime d'accepter une indemnité, je laisserais aux juges la faculté de prononcer une amende proportionnée au délit, au profit d'établissements destinés à favoriser la moralité.

Quant aux piéges qu'on pourrait tendre à l'inexpérience, la loi peut prendre en considération l'âge de l'accusé et celui de la victime; elle peut faire la distinction entre la femme mariée et la jeune fille; elle peut admettre l'accusé à faire la preuve des circonstances qui annuleraient ou diminueraient sa culpabilité, etc.

Il est possible, surtout au commencement de la mise en vigueur d'une pareille loi, qu'il y ait un peu de scandale devant la justice; mais il y en aura certainement beaucoup moins dans les familles (ce qui est bien plus important), et la morale et la société ne pourront qu'y gagner.

Une telle loi, sans doute, favoriserait le mariage; mais une union légitime n'est-elle pas conforme aux lois de la Providence et à la saine raison?

J'y vois, quant à moi, de grands avantages : la diminution du nombre des enfants naturels, une éducation plus consciencieuse et un moyen de plus de moraliser les hommes.

Des gens qui vivent en concubinage ont les mœurs plus dissolues, le caractère plus léger; une simple dispute peut les porter à se délaisser et à abandonner leurs enfants. Ils vont alors chercher d'autres victimes, ou même troubler, par des actes criminels, la paix et l'ordre publics. L'homme marié, au contraire, se renferme mieux dans la vie de famille et dans ses devoirs domestiques, il prend la vie plus au sérieux, il est ordinairement plus rangé, plus laborieux et plus économe, parce qu'il sait qu'il n'a pas seulement à pourvoir à ses propres besoins, mais encore à ceux de sa femme et de ses enfants.

Si je me suis étendu un peu longuement dans le présent chapitre sur une matière qui, de prime-abord, pourrait paraître à quelques lecteurs ne pas devoir entrer dans mon cadre, c'est que j'ai souvent entendu adresser à l'industrie le reproche de favoriser l'immoralité et par conséquent d'être nuisible au pays.

Il est vrai, sans doute, que les agglomérations d'hommes peuvent propager l'immoralité. Il y a plus de risque de séduction dans une réunion de cent personnes que là où il n'y en a que deux ou trois; il en est de cela comme des grandes villes en comparaison avec les villages.

Cependant on n'a pas encore songé à démolir les villes pour remédier à ce mal; de même il ne viendra à l'idée de personne de vouloir sacrifier les fabriques, qui sont bien aussi une nécessité sociale.

Les fabricants sont les premiers à déplorer cette situation, dont ils sentent toute la gravité et tout le danger; ils redoubleront d'efforts pour opposer des digues au torrent; mais seuls ils ne sauraient y suffire, il faut que la loi leur vienne en aide pour prévenir et punir des méfaits que jusqu'à présent le législateur français n'a pas cru devoir frapper, et contre lesquels cependant il existe dans d'autres pays des moyens de répression et de punition très-efficaces.

APPENDICE.

CHAPITRE Ier.

CONSIDÉRATIONS DOUANIÈRES.

Aux observations que j'ai faites sur la *centralisation industrielle,* je crois opportun d'ajouter, sous forme d'appendice, quelques *considérations douanières*, qui me semblent utiles et qui se rattachent même intimement à ce travail, mais que je n'aurais pu y introduire plus tôt, de peur d'en couper l'ensemble par une digression trop longue.

Dans un des chapitres précédents, j'ai dit que la centralisation et la fusion des établissements producteurs indigènes avec des établissements semblables à l'étranger, pourront exercer une grande influence sur le système actuel des douanes, et que ceux qui sont aujourd'hui partisans de la protection, pourront alors trouver intérêt à demander des réductions de droits douaniers. J'ai toutefois ajouté que dans ce cas ces réductions se feraient, selon toute probabilité, sans causer de préjudice à personne.

Cependant, comme cette remarque pourrait être mal interprétée et considérée comme contraire à l'industrie nationale, je tiens à compléter ma manière de voir sur cette matière.

Les intérêts des diverses nations étant très-différents dans cette question, et ce qui est avantageux à l'une pouvant être nuisible à l'autre, je ne la traiterai qu'au point de vue français, tout en donnant à mes considérations un caractère d'intérêt général partout où cela est possible, afin d'en étendre l'utilité.

Je partirai du principe qu'il faut, en toutes choses, donner la préférence à celles qui peuvent augmenter le plus efficacement le bien-être du pays.

Eh bien, dans la question qui nous occupe, je partage la conviction de ceux qui voient dans la *protection* accordée au travail national un plus puissant moteur de prospérité pour la France, que ne le serait le *libre échange.*

Cependant, comme dans toute appréciation il faut se garder d'apporter des idées absolues, il doit en être de même quand il s'agit d'examiner les conséquences de la protection; d'autant plus que cette question est excessivement complexe et que sa bonne solution peut dépendre d'une infinité de circonstances accessoires.

Il n'est donc pas étonnant que les esprits les plus éminents soient si divisés d'opinion en matière de douane; cela provient, à mon avis, de ce que ce grave sujet n'est ordinairement traité qu'au point de vue théorique et qu'on fait trop bon marché de son côté pratique. Cependant il n'y a pas de question qui exige, de la part des gouvernements, plus d'esprit pratique que celle-ci; pour bien l'examiner, l'homme d'État est obligé de se livrer, sauf la complication de la tâche, à un travail analogue à celui d'un commerçant, lorsqu'il s'agit pour ce dernier d'apprécier sa position vis-à-vis de ses concurrents et de ses pratiques.

Voilà pourquoi les Anglais, peuple éminemment commerçant, excellent dans le maniement de cette question, et aujourd'hui qu'ils ont obtenu de la protection à peu près tous les avantages qu'elle a pu leur donner, ils se tournent vers le libre échange, parce qu'ils ont reconnu qu'il y avait maintenant plus à gagner pour eux de ce côté. Et ils ont parfaitement raison, car s'ils avaient maintenu encore quelques années leur loi sur les céréales, ou, en d'autres termes, la cherté du pain et de la main-d'œuvre, la France et l'Allemagne n'auraient pas manqué de porter des coups désastreux à l'industrie britannique. Les Anglais s'en sont aperçus, et comme ils n'ont pas l'habitude d'attendre que le mal soit consommé, ils ont viré de bord à temps.

Quant à l'influence avantageuse que la protection a exercée sur la prospérité de la France, elle est évidente.

Notre système de douanes actuel date de 1815;

depuis cette époque, la population a augmenté de six millions d'habitants; eh bien, il est pour moi hors de doute que c'est à la protection douanière que nous devons le développement de notre industrie, et c'est principalement à l'industrie que ce surcroît de population doit ses moyens d'existence.

Car, si la population de la France augmente tous les ans de 160,000 individus, il est nécessaire d'augmenter la production annuelle de tout ce qu'il faut pour l'existence de ces 160,000 Français; autrement ils vivraient au détriment de leurs semblables, ce qui n'a pas eu lieu; au contraire, l'industrie, par ses gains plus élevés et plus réguliers, leur a assuré encore une meilleure existence que n'aurait pu le faire l'agriculture seule.

Deux mots pour le prouver :

L'agriculture emploie rarement, même dans les conditions actuelles, des ouvriers gagnant plus de 1 fr. à 1 fr. 50 cent. par jour, tandis que l'industrie paie généralement de 1 fr. 25 cent. à 2 fr. 50 cent., et même beaucoup d'ouvriers gagnent 3, 4, 5 à 10 fr. par jour et parfois même au delà.

Il s'ensuit que ces six millions d'hommes, provenant de l'augmentation de la population générale du pays, auraient été obligés en grande partie de s'entredisputer le gain plus que modeste de l'ouvrier agricole, ou de chercher leur salut dans l'émigration, si la France n'avait pu, grâce à la protection, implanter et développer sur son sol l'industrie manufacturière.

Mais celle-ci possède encore bien d'autres avantages sur l'industrie agricole; il suffit d'en énumérer quelques-uns pour reconnaître immédiatement l'heureuse influence que la création des manufactures a dû exercer sur la richesse nationale.

L'industrie agricole ne produit, pour ainsi dire, que des matières premières (je crois que l'on peut ici comprendre sous cette dénomination le bétail et les autres animaux domestiques). Ces matières premières sont, à la vérité, d'une immense valeur et d'une utilité incontestable, et forment la principale base de presque toutes les autres industries.

Mais cette production est limitée par l'étendue, la nature, la fertilité du sol et par des conditions climatologiques. Tandis que l'industrie manufacturière, non-seulement produit des matières premières également d'une haute valeur, mais utilise encore et les matières qu'elle produit elle-même et celles qui lui sont fournies par l'agriculture, pour leur faire subir des transformations infinies. Aussi peut-on dire que sa production n'est limitée que par la consommation.

En outre, l'industrie manufacturière produit souvent une valeur égale au capital qu'elle emploie, même la valeur des produits dépasse quelquefois l'importance du capital; tandis que la valeur des produits de l'agriculture ne s'élève ordinairement qu'au sixième ou au cinquième du montant de son capital : c'est-à-dire, un arpent de 20 ares valant de 800 à 1000 fr., produit rarement pour plus de 130 à 150 fr. par an, tandis qu'une manufacture avec un capital d'un million produit souvent pour une somme égale, c'est-à-dire pour un million et parfois encore davantage.

On peut donc affirmer qu'en moyenne l'industrie manufacturière, avec le même capital, produit par an de cinq à six fois plus que l'industrie agricole.

Quelle immense différence! et cette différence devient encore bien plus sensible en comparant la production *régulière et constante* de l'industrie manufacturière à la production *chanceuse* de l'industrie agricole, qui, pendant presqu'une année entière, est exposée à toutes les variations du temps et qu'un froid subit, une pluie, un insecte, peuvent anéantir complétement! Aussi, il n'y a nul doute que ces avantages inhérents à l'industrie manufacturière n'ont pas peu contribué à développer notre richesse nationale. N'est-ce pas aux succès de l'industrie que nous devons principalement cet état de prospérité et de force, qui nous a permis, malgré les désastres de 1848 et 1849, et après avoir traversé une série d'années de cherté, de payer près de deux milliards pour soutenir une guerre à 800 lieues de la patrie, sans que cet immense sacrifice en hommes et en argent ait pu arrêter la marche régulière des affaires?

Il ne faut donc pas s'étonner si les pays les plus riches sont ceux où l'industrie manufacturière est le plus développée.

Cependant l'industrie n'est pas seule à profiter des éléments de bien-être qu'elle répand; l'agriculture y participe largement, car, par suite du développement industriel, les produits agricoles se vendent plus avantageusement et en plus grande quantité: ils se vendent à l'intérieur, souvent sur place, et les cultivateurs évitent ainsi les chances, les frais et les difficultés d'exportation. En outre, le travail industriel a besoin de bras qui lui viennent de l'agriculture, ou bien, qui sont pris parmi les classes les plus souffrantes du peuple et qui peuvent par là améliorer leur position.

L'industrie contribue encore essentiellement à l'amélioration des chemins, des routes, à l'établissement des canaux et des voies de fer, en un mot, au perfectionnement des moyens de transport qui intéressent si vivement la prospérité agricole, dont les produits sont lourds et encombrants, et ne peuvent supporter des transports longs, difficiles ou coûteux. L'industrie, par sa grande consommation de bois, a augmenté dans une forte proportion la fortune et le revenu forestier de l'État : c'est ainsi que cette année les coupes, estimées par les agents forestiers à 21 millions, en ont rapporté 32, ce qui a considérablement augmenté le revenu de l'espèce de propriété qui, généralement, rapporte le moins (2 à 2 1/2 p. $^0/_0$)[1].

La population industrielle aide encore d'une manière notable à supporter les charges de l'État; nul

[1] M'étant beaucoup occupé des questions forestières, je saisirai cette occasion pour exprimer le regret que j'éprouve des aliénations successives des forêts domaniales.

Par suite des besoins toujours croissants, le bois devient d'année en année plus cher et plus rare; et comme la vente et le défrichement s'appliquent exclusivement aux forêts en plaine qui sont celles qui rapportent le plus, il est indubitable qu'il viendra un moment où le rendement des forêts tombera excessivement bas et où le bois sera hors de prix. Cela arrivera d'autant plus vite, que depuis un certain nombre d'années on coupe peut-être plus de bois que l'aménagement des forêts ne le permet, afin de satisfaire au surcroît de consommation provoqué par l'établissement des chemins de fer, par le développement de l'industrie et par les constructions navales. Aussi, les magnifiques hautes futaies que nous admirions encore il y a une vingtaine d'années ont-elles presque entièrement disparu dans bien des contrées, et il se passera plus d'un siècle avant qu'elles n'aient reparu, même si l'on diminuait considérablement l'importance des coupes annuelles. De ceci il résulte pour moi la conviction que si le gouvernement pouvait retarder de quelques années les nouvelles aliénations qu'il projette, il y trouverait un bénéfice certain et des plus importants.

Il y aurait bien encore à faire valoir ici les graves considérations qui s'attachent à la conservation des forêts dans l'intérêt général du pays, et à attirer l'attention sur la haute importance des jouissances forestières tolérées en faveur de nombreuses populations rurales, mais la place ne le permet pas, et c'est avec peine que je me vois forcé d'y renoncer.

n'y contribue mieux que le fabricant : la valeur de son établissement est d'une appréciation facile; sa patente, ses droits proportionnels, sa valeur locative, tout se laisse clairement établir et rien n'échappe au fisc.

Aussi, est-il certain que l'agriculture aurait pu être allégée, je dirai presque affranchie des contributions qu'elle paie, si les gouvernements précédents avaient su se renfermer dans les budgets d'il y a trente ans. Mais, encouragés par l'accroissement constant des recettes résultant particulièrement du développement de l'industrie nationale, ils augmentèrent dans la même proportion le chiffre des dépenses[1]. Bien plus, comptant sur une prospérité toujours croissante, ils contractèrent encore des emprunts, et au lieu de diminuer, ils ont aggravé ainsi les charges des contribuables.

Loin de moi de prétendre que ces dépenses n'aient pas été faites dans un but utile; mais je crois que la sagesse gouvernementale exige beaucoup de prudence dans le maniement des deniers de l'État. En obérant trop les finances d'un pays, on compromet son crédit, on diminue ses forces, et dans des époques difficiles on s'expose à des embarras et même à des catastrophes.

[1] Budget de Napoléon Ier, 800 millions.
Idem de la Restauration, 980 millions.
Idem de Louis-Philippe, 1500 millions.

Je crois donc qu'un bon gouvernement doit veiller, avec une grande sévérité, à n'approuver, en fait de *dépenses extraordinaires*, que celles qui deviendraient productives, c'est-à-dire qui pourraient augmenter la production ou la prospérité nationale. Les *dépenses ordinaires* comprennent naturellement toutes celles qui sont utiles et nécessaires à la bonne administration du pays.

On a beaucoup crié contre les douanes ; on a même prétendu que leur maintien devenait impossible par suite de l'établissement des chemins de fer, parce qu'elles entravaient la circulation et étaient vexatoires pour les voyageurs; on les jugeait onéreuses pour le pays, en les comparant aux institutions fiscales qui existaient anciennement sur les limites de nos provinces, pour percevoir des droits de circulation, etc., et on en concluait que l'intérêt de la France exigeait l'abolition des douanes extérieures, tout comme on a supprimé les douanes à l'intérieur. Ajouter que des hommes d'État et des personnages éminents ont partagé et partagent encore cette erreur, c'est en indiquer suffisamment la gravité, et la nécessité de la réfuter.

Eh bien, les chemins de fer se sont établis; ils traversent nos frontières sur plusieurs points, et la douane a trouvé moyen de remplir son devoir et ses fonctions, sans entraver en rien la rapidité voulue de la circulation, quoiqu'elle ait subi, du temps de l'exposition universelle de Paris, une bien rude épreuve.

Qu'il me soit permis d'appuyer cet éloge d'un fait qui a été souvent contesté, mais qui n'en est pas moins vrai, ainsi que j'ai pu m'en assurer plus d'une fois dans mes nombreux voyages en pays étrangers: C'est qu'à aucune autre douane le voyageur n'éprouve moins d'entraves et moins de vexations qu'à la douane française; elle sait parfaitement allier les convenances aux exigences du service et apporter les meilleurs procédés et la plus grande promptitude dans l'accomplissement de ses fonctions.

Quant à la douane d'Angleterre, elle est la plus minutieuse et la plus difficile de toutes; elle est peut-être même celle qui fait éprouver aux voyageurs le plus de retards et d'embarras. Le douanier anglais procède avec méthode et lentement à l'examen attentif du moindre objet contenu dans les malles des voyageurs; et s'il en trouve parmi dont l'usure n'est pas facile à constater, il en estime la valeur et leur applique le tarif qui, pour beaucoup de produits, est encore très-élevé. Aussi, les personnes qui s'imagineraient que les douanes purement fiscales sont moins vexatoires pour les voyageurs que les douanes protectrices, n'ont qu'à passer la douane anglaise pour être convaincues du contraire. Il est, du reste, assez illogique qu'un peuple qui proclame le *libre échange*, mette tant d'entraves à la *libre entrée* des produits étrangers; mais l'Anglais s'inquiète peu de ces contradictions; chez lui l'intérêt du pays passe avant tout, la logique vient après.

En assimilant notre douane actuelle, placée sur la frontière, aux anciennes douanes établies autour des diverses provinces de l'intérieur, on commet une grande erreur, car notre douane protége l'industrie indigène contre la concurrence étrangère; par conséquent elle favorise le travail et la prospérité nationales, tout en procurant au trésor public un beau revenu; tandis que les douanes à l'intérieur n'avaient qu'un but fiscal, celui d'augmenter les revenus des provinces. Aussi, loin de favoriser le travail national, elles l'arrêtaient; loin de multiplier les relations à l'intérieur, elles les entravaient, et loin d'augmenter la richesse et la prospérité du pays, elles les diminuaient. Par conséquent, les douanes à l'intérieur étaient tout l'opposé de ce que sont nos douanes actuelles, et l'on a eu mille fois raison de les supprimer, tant dans l'intérêt du commerce et de l'industrie de la France, que dans celui de sa bonne constitution politique.

Je viens de dire que la douane protège le travail national et contribue ainsi à augmenter et à développer la prospérité générale du pays, quoiqu'il y ait des esprits utopistes qui prétendent que, la suppression des douanes, loin de nuire à l'industrie, en favoriserait, au contraire, le développement.

Cependant pour tout homme pratique possédant des connaissances sérieuses en industrie, il est hors de doute qu'en supprimant aujourd'hui nos douanes, demain les trois quarts de nos industries seraient anéanties. La plupart de nos grands établissements métallurgiques, nos manufactures de laine et de coton, notre serrurerie, notre quincaillerie, notre coutellerie, etc., seraient presque complétement ruinés et perdus pour la France [1]. Et je ne vois rien à mettre à leur place; car l'avantage problématique que le libre échange pourrait exercer sur quelques petites fabrications, ne peut entrer en ligne de compte avec la perte énorme qui résulterait pour la France de l'anéantissement des industries qui forment la majeure partie de sa production manufacturière.

Voyons maintenant si l'agriculture aurait à gagner quelque chose à une pareille mesure. J'ai beau regarder de tous côtés, je ne trouve absolument que la production des vins, qui, de prime abord, semble

[1] Ceux de mes lecteurs qui désireraient lire des considérations plus détaillées à ce sujet, les trouveraient dans un opuscule que j'ai publié en 1847, sous le titre de *Libre échange et protection*.

pouvoir recueillir quelques avantages de la suppression des barrières douanières; cependant en examinant la chose de plus près, je commence à en douter.

Depuis les décrets des 30 août, 22 septembre et 3 octobre 1854, qui modifient momentanément les droits d'entrée de 35 et 100 fr. par hectolitre établis sur les vins et les liqueurs venant de l'étranger, l'Espagne, le Portugal, l'Italie et même l'Allemagne ont importé de grandes quantités de vins et d'alcool[1]. Je veux bien admettre que l'oïdium ait exercé généralement plus de ravages dans nos vignobles que dans plusieurs contrées vinicoles étrangères, et nous ait ainsi placés dans une situation momentanément inférieure. Néanmoins, en considérant les prix modérés des vins d'Espagne et d'Italie et les grandes importations actuelles, nous ne pouvons nous empêcher de nous féliciter, dans l'intérêt de nos vignerons, de ce que ces décrets n'aient obtenu qu'une sanction provisoire et seront probablement rapportés ou modifiés avec la disparition de la cause qui les a provoqués, c'est-à-dire de la pénurie

[1] Depuis les décrets ci-dessus cités jusqu'au 31 décembre 1855, la France a importé :

Vins ordinaires	511,747	hectolitres.
Vins et liqueurs	19,830	»
Eau-de-vie.	253,602	»

des vins résultant de la maladie des vignes. Car il est indubitable pour nous qu'en abolissant définitivement les droits actuels, les vins étrangers viendraient faire une rude concurrence aux nôtres sur nos propres marchés, et que les producteurs de vins français en souffriraient grandement, même dans l'hypothèse de la disparition de la maladie.

Mais il y a plus. Ainsi que nous l'avons dit, la suppression de nos douanes entraînerait forcément la perte de nos principales industries, et diminuerait considérablement la population ouvrière et la prospérité générale de la France. Si l'on considère maintenant qu'aujourd'hui les quatorze quinzièmes de nos vins sont consommés à l'intérieur, et qu'un quinzième seulement est exporté, personne ne voudra plus douter que le libre échange porterait plutôt préjudice qu'avantage à nos vignerons.

Cependant, pour faire partager la conviction qui m'anime en faveur de la protection, à tous ceux chez lesquels je ne rencontrerai pas une opposition systématique, j'admettrai un instant le triomphe du libre échange, et j'ajouterai à cela l'hypothèse d'une chose impossible sans doute : Je supposerai que la production du vin prît une extension telle, qu'elle compensât complétement la suppression de l'industrie manufacturière. Eh bien, même dans ce cas, il y aurait encore perte pour la France.

En effet, elle serait bientôt couverte de vignes, au moins là où le terrain et le climat s'y prêteraient, puisque cette culture serait alors celle qui présenterait le plus d'avantages; il ne resterait donc que peu de terrains pour la culture des blés, des légumes et autres produits agricoles. Mais qu'arriverait-il dans une année où la vigne ne réussirait pas? La France tomberait infailliblement dans la plus affreuse misère; ses habitants, n'ayant pas récolté de vins, ne pourraient en vendre, et par conséquent seraient hors d'état de se procurer l'argent nécessaire pour tirer des pays étrangers, soit les substances alimentaires, dont la culture indigène aurait été sacrifiée à celle de la vigne, soit les produits manufacturiers, si indispensables dans l'économie domestique. Le gouvernement lui-même éprouverait, de son côté, un grand déficit dans la rentrée des contributions, par suite de la gêne générale.

Et qu'on ne dise pas que la supposition d'une récolte à peu près nulle est inadmissible; la maladie de la vigne, comme celle des pommes de terre, en a montré la triste réalité, et nous avertit, de la manière la plus sérieuse, de ne pas nous livrer d'une façon trop exclusive à la culture de tel ou tel produit, comme nous n'étions déjà que trop disposés à le faire pour ce qui concerne la pomme de terre. Ce dernier fait est trop important pour qu'il ne me soit pas permis de m'y arrêter un instant, afin d'en faire ressortir la cause et d'en apprécier les conséquences.

La culture de la pomme de terre a reçu des développements considérables, parce qu'effectivement elle présente, dans les circonstances ordinaires, de grands avantages sur toutes les autres cultures de produits alimentaires. J'en détaillerai quelques-uns pour démontrer que ce tubercule était en bonne voie de devenir sinon l'unique, du moins le principal produit servant à la nourriture des hommes.

La pomme de terre exerce la plus haute influence sur l'alimentation, grâce à sa valeur nutritive et à sa reproduction facile qui s'opère avantageusement, même dans les plus mauvais terrains. La constante réussite de cette culture pouvait donc faire disparaître jusqu'aux plus légères appréhensions d'une disette; on le comprend aisément en se rappelant ce fait : que les années pluvieuses, si souvent nuisibles à la culture du blé dans les régions du nord, favorisent la reproduction des pommes de terre, tandis que les années de sécheresse, propices aux céréales, ne diminuent que faiblement le rendement de ces tubercules.

On a analysé les parties nutritives du froment et de la pomme de terre, et en les comparant, on a trouvé la proportion de 3 à 1, c'est-à-dire que le froment, à poids égal, contient trois parties de matières nutritives, tandis que la pomme de terre n'en renferme qu'une.

Mais comme un arpent planté en pommes de terre produit jusqu'à dix fois autant qu'un arpent ensemencé de froment, il s'ensuit que les pommes de terre, malgré leur infériorité nutritive, peuvent nourrir trois fois plus d'hommes que le froment.

La pomme de terre présente en outre un volume trois fois plus grand que le froment, pour la même quantité de matière nutritive, et puisqu'il faut à l'estomac, aussi bien la quantité que la qualité, elle a encore, sous ce rapport, un avantage marquant sur les céréales; aussi, n'y a-t-il nul doute, qu'au moyen de ces tubercules la terre pourrait nourrir le double de population.

Il est inutile de dire que l'art culinaire est parvenu à les préparer en mille mets différents, et que même on en fait un très-bon pain. Mais comme il serait trop long d'énumérer ici toutes les qualités précieuses de la pomme de terre, tant pour la large part qui lui revient dans les subsistances, qu'eu égard à son usage varié dans l'industrie manufacturière, je me bornerai à indiquer encore son *immense influence sur la vie à bon marché.*

Effectivement, l'hectolitre de froment, dont la valeur alimentaire est égale à celle de trois hectolitres de pommes de terre, et qui, par conséquent, ne devrait coûter tout au plus que le triple, se vend ordinairement de 8 à 10 fois plus cher.

Aussi, dans les années de disette, de 1846 à 1847, lorsque l'hectolitre de froment se vendait de 45 à 50 fr., ou le double de son prix habituel, et l'hectolitre de pommes de terre de 10 à 12 fr., ainsi de 6 à 9 fr. plus cher que dans les années ordinaires, c'étaient encore les pommes de terre qui procuraient au pauvre la nourriture la moins chère, quoiqu'elles eussent sextuplé de valeur, tandis que le froment n'avait que doublé de prix.

Les pommes de terre ne se conservant que pendant une seule année et étant d'un transport plus difficile et plus coûteux, présentent, sous ces deux rapports, une infériorité vis-à-vis des céréales.

Le remède au premier inconvénient est encore à trouver; quant au second, l'établissement des canaux, des chemins de fer et des autres voies de communication perfectionnées, l'ont rendu peu sensible et tendent à le faire disparaître de jour en jour davantage.

On peut donc hardiment affirmer que sans la maladie destructive et générale qui a frappé ce tubercule et qui a changé la sécurité universelle en sombre inquiétude, la culture des pommes de terre aurait refoulé, d'année en année, la culture des céréales, des légumineuses, etc., partout où le terrain et le climat l'auraient permis.

Eh bien, que deviendrions-nous si la maladie, au lieu d'éclater il y a dix ans, n'apparaissait que dans quinze ou vingt ans d'ici, alors que, par suite de la nécessité de nourrir à bon marché une plus forte population, la culture des pommes de terre aurait reçu le développement que les avantages signalés plus haut semblaient lui assurer?

L'imagination s'épouvante devant un tableau aussi calamiteux; mais les rudes privations que nous avons déjà endurées depuis que la maladie existe, et cela dans des conditions normales de culture, qui ne présentaient encore rien d'exagéré, permettent de nous en faire une idée.

Aussi, loin de nous plaindre, remercions au contraire la Providence de nous avoir avertis à temps, en nous faisant reconnaître la nécessité d'éviter une culture trop exclusive; cherchons à la varier le plus possible, et que cette épreuve nous stimule à combattre la maladie et à découvrir des produits alimentaires nouveaux.

Il n'est pas impossible, du reste, d'en trouver peut-être de meilleurs encore que la pomme de terre elle-même, dont la découverte ne date que de trois siècles.

Pour en revenir à ce que j'ai dit plus haut, je maintiens que les producteurs de vins trouvent en France même la consommation la plus forte et la plus avantageuse, et j'ajouterai que, si cette production éprouve quelques entraves, il faut les attribuer à nos lois d'impôts indirects, tels que la taxe sur les boi sons et les octrois des villes, plutôt que de les chercher dans d'autres causes. Le vin n'étant pas strictement un aliment de première nécessité, l'impôt des boissons peut être considéré comme un impôt sur le luxe, et je l'avoue, ce n'est qu'à ce point de vue que je puis l'approuver. D'ailleurs, nous venons de voir à quelle calamité nous pourrions nous exposer en donnant un développement exagéré à la culture des vignes. Restons, par conséquent, dans les bornes que la prudence et notre intérêt nous commandent, c'est-à-dire, cultivons la vigne principalement dans les contrées où le climat et le terrain sont essentiellement favorables à cette culture et où d'autres produits alimentaires réussiraient mal ou ne viendraient pas du tout. Mais n'encourageons pas cette culture dans nos régions du nord et de l'est, où les bonnes récoltes sont rares et où la qualité du vin est fort médiocre.

J'ai dit que les questions douanières divisaient les esprits les plus éminents, parce qu'on ne les examinait d'ordinaire qu'au point de vue théorique et que l'on ne considérait pas assez leur côté pratique. Cette assertion se trouve encore confirmée par le reproche adressé à la protection, de renchérir le prix des fers consommés par l'agriculture, et l'on estime cette surcharge de prix annuellement à 1 fr. 10 c. par hectare.

Mais cette estimation, qui se fonde sur les droits de douane, est par cela même déjà erronée, puisque ce ne sont pas les droits de douane qui établissent la différence des prix d'une contrée à l'autre, mais bien les prix marchands ayant cours dans chaque pays, et ce n'est que dans des circonstances rares et momentanées que le taux de la protection peut influencer le prix de vente.

C'est ainsi que pendant quelque temps les fers étaient en France presque au même prix qu'en Angleterre, quoique les nôtres fussent protégés par un droit de 15 fr. les 100 kilog.

Depuis de longues années les aciers fondus français ordinaires se vendaient, en France, à 100 et 110 fr. les 100 kilog., quoiqu'ils fussent protégés par un droit de 120 fr. les 100 kilog[1]. Ce sont donc les producteurs français qui fixent les prix de leurs produits, et ces prix sont influencés par une consommation

[1] Ce droit de 120 fr. a été réduit, par décret du 22 novembre 1853, à 40 fr., et à partir du 1er janvier 1855, il n'est plus que de 30 fr. par 100 kil.

Le droit de 120 fr. répondait primitivement à une protection de 60 % de la valeur; car lorsqu'il fut établi, l'acier fondu valait, en moyenne, 200 fr. Depuis, les prix des aciers ont considérablement baissé, les meilleurs se vendent aujourd'hui à 200 fr. et les communs à 100 fr. les 100 kil. De sorte que le droit actuel de 30 fr. ne correspond plus qu'à une protection de 30 % sur la valeur des aciers communs et seulement

plus ou moins forte, par une concurrence plus ou moins acharnée, par le renchérissement ou l'abaissement des salaires et des prix d'autres matières servant à la fabrication de ces produits; évidemment il serait impossible de soumettre les droits de douane aux mêmes fluctuations.

A la vérité, la spéculation peut contribuer également à faire hausser les prix; mais dans ce cas le gouvernement français pourra intervenir, si cette spéculation s'exerce en France et au détriment du consommateur français; il serait impuissant à la réprimer si elle avait lieu ailleurs. En outre, si un fait de ce genre se passe en France, du moins l'argent reste dans le pays, tandis que si la spéculation a lieu à l'étranger, le numéraire sort et est perdu pour la France; enfin l'abus pourrait se perpétuer à l'étranger, tandis que chez nous sa répression deviendrait bientôt inévitable. Certes, si jamais le dicton populaire: «Charbonnier est maître chez lui» renferme une vérité et peut recevoir une juste application, c'est dans des circonstances pareilles.

Cependant, je veux admettre un moment la jus-

de 15 % sur les aciers de première qualité, soit en moyenne une protection de 20 %.

C'est une réduction énorme, et je crains beaucoup que la fabrication des bons aciers en France n'en ait à souffrir. Mais dans ce cas il faut espérer que le gouvernement reviendra sur cette mesure, car l'acier comme le fer est d'une utilité presqu'indispensable à la force et à la sûreté d'un grand État.

tesse de l'assertion, que l'agriculture éprouve une perte annuelle de 1 fr. 10 c. par hectare de terre arable, en employant des fers français au lieu d'en acheter en Angleterre. Je n'insisterai pas sur la considération qu'en tirant les fers de l'Angleterre, les frais de transport pour les paysans du littoral différeraient de beaucoup de ceux qu'auraient à supporter les habitants de l'intérieur, et que cette différence changerait pour bien des localités le chiffre de 1 fr. 10 c. qui a été indiqué et que nous admettons provisoirement.

Ainsi donc, en supprimant notre fabrication des fers et avec elle naturellement les industries, qui ne pourraient résister au libre-échange (elles forment, comme nous l'avons vu, la grande majorité de notre production manufacturière), il en résulterait d'après les libres-échangistes une économie de 1 fr. 10 c. par hectare pour l'agriculture. Mais pour être juste et conséquent, il faut également considérer la perte que l'agriculture éprouverait par la disparition de l'industrie du sol français, et cette perte est facile à constater, en se reportant à la situation de la France avant que l'industrie s'y fût développée, c'est à-dire, il y a une trentaine d'années.

A cette époque on achetait dans telle contrée, à raison de 1,000 à 1200 fr. un hectare de terre qui vaut aujourd'hui de 4 à 5,000 fr. L'hectolitre de blé se vendait alors de 15 à 16 fr. Depuis le développement de l'industrie, le prix normal est descendu rarement au-dessous de 20 fr., même avant la maladie des pommes de terre.

On peut donc presque affirmer qu'en sacrifiant au libre-échange une grande partie de notre industrie, le cultivateur en éprouverait une perte de 4 fr. sur le prix de l'hectolitre de blé, et ses terres subiraient une dépréciation qu'on ne pourrait évaluer à moins du quart de leur valeur actuelle.

Par conséquent, en admettant seulement un rendement de 20 hectolitres de blé par hectare (les libres-échangistes en comptent 30) nos cultivateurs éprouveraient par hectare une perte d'environ 80 fr. par an, sans compter la dépréciation de la valeur des terres et des autres produits alimentaires.

Donc, pour obtenir un gain problématique de 1 fr. 10 c. par hectare, on exposerait l'agriculture à une perte presque certaine de 80 fr. par hectare, si cet hectare est ensemencé de blé, et l'on sait qu'en France la moitié des terres arables est destinée à la culture des céréales. De pareilles erreurs se commettent lorsqu'on ne voit que les avantages d'une chose, sans en examiner les inconvénients.

Mais on veut aller encore plus loin. Chacun sait que les céréales sont soumises, à leur entrée en France, à un droit qui varie selon les prix officiels que le ministère de l'agriculture publie chaque mois. Ce droit est de 25 c. lorsque l'hectolitre de froment vaut en France, selon les qualités du grain, de 22 à 28 fr.; il est de 4 fr. 75 c. lorsque l'hectolitre ne vaut plus que de 16 à 22 fr. C'est ce qu'on appelle *l'échelle mobile*. En vue de la grande cherté des produits alimentaires, l'empereur a décrété (août 1854 et septembre 1855) que les céréales importées en France jusqu'au 31 décembre 1856 ne seront plus soumises qu'au droit minimum de 25 c.

Eh bien, les libres-échangistes demandent que ce décret, de temporaire qu'il est, devienne définitif et qu'à tout jamais la protection soit enlevée aux céréales. Certainement, si par malheur les prix des blés devaient se maintenir à un taux aussi élevé que maintenant, chacun de nous demanderait une prorogation de ce décret qui a été généralement approuvé. Mais si la récolte prochaine était abondante, comme nous l'espérons, et si les prix revenaient à leur état normal, alors tous ceux qui comprennent bien les intérêts de leur pays, ne manqueraient pas de demander le rétablissement du droit protecteur, qui, par son ingénieuse et juste application, sauvegarde le travail et l'existence de nos cultivateurs, et maintient une certaine régularité dans les prix de produits alimentaires aussi nécessaires et aussi importants que le sont les céréales.

En effet, que résulterait-il de la suppression de ce droit protecteur en France? Il s'ensuivrait que dans les années d'abondance, les blés se vendraient à vil prix, et comme cet avilissement de prix ne serait pas seulement le résultat d'une riche récolte à l'intérieur, mais aurait été provoqué principalement par la concurrence étrangère, nos cultivateurs en éprouveraient immanquablement une perte considérable.

On le comprendra d'autant mieux, lorsqu'on saura qu'il existe dans la Russie méridionale de vastes terrains propres à la culture du blé, qui valent de 4 à 5 fr. l'hectare, et que ces terres sont cultivées par des serfs ; aussi dans ces contrées, le froment s'est-il vendu, en 1847, de 4 à 6 fr., et l'avoine et le seigle à 2 et 3 fr. l'hectolitre.

Aux États-Unis, les terres d'excellente qualité et qui pendant de longues années peuvent se passer d'engrais, s'achètent à 25 fr. l'hectare, et quoique la main-d'œuvre y soit chère, il n'en est pas moins vrai que, dans des années d'abondance, la libre entrée des blés russes et américains jetterait la perturbation dans notre industrie agricole.

Évidemment, si nos cultivateurs ne trouvaient pas à remplacer la culture des céréales par une autre culture plus avantageuse, la valeur des terres diminuerait nécessairement.

Mais il faut bien nous garder de chercher à réduire la production de nos substances alimentaires, car elle fait notre force et notre prospérité; et il convient d'éviter, autant que possible, de se rendre tributaire d'un autre pays pour des produits tout à fait indispensables à notre alimentation, surtout si l'on considère que dans les années néfastes les gouvernements étrangers défendent souvent l'exportation des produits alimentaires.

Ce serait encore une erreur de croire que l'abolition du droit protecteur sur les céréales serait avantageuse aux classes ouvrières et aux prolétaires; elle leur porterait également préjudice. Car si nous avions quelques années d'abondance, le prix des blés tomberait très-bas, et certes, on ne manquerait pas de chercher à réduire en proportion le taux de la main-d'œuvre; et une fois les salaires réduits, ils se relèveraient difficilement. Pour s'en convaincre, on n'a qu'à voir ce qui se passe depuis la maladie des pommes de terre. Depuis cette époque, il est impossible aux ouvriers et aux pauvres de vivre à aussi bon marché qu'auparavant, et cependant il y a peu d'exemples d'augmentation de salaires ou de main-d'œuvre.

Donc, à mon avis, ce qu'il y a de mieux à faire, c'est de chercher à conserver autant de régularité que possible dans le prix des céréales. Il vaut bien mieux payer constamment un prix raisonnable également avantageux au consommateur et au producteur, que de payer telle année des prix excessivement bas et telle autre des prix extrêmement élevés; car les salaires et les traitements ne pouvant suivre les mêmes variations et proportions, il est clair qu'il y aura gêne et misère dans les années de cherté, et bien souvent profusion et gaspillage dans les années d'abondance : deux extrêmes et deux inconvénients qu'il importe également d'éviter, puisque nous ne pouvons profiter de l'un sans nous exposer à l'autre. Je crois donc que des droits de douane, fixés comme le sont les nôtres d'après une échelle mobile, contribuent essentiellement à maintenir une certaine stabilité dans le prix des céréales, tout en assurant à nos cultivateurs, dans des limites raisonnables, le marché intérieur, le meilleur de tous; et en les encourageant à maintenir et même à développer la culture des produits qui intéressent si vivement notre existence.

Et qu'on ne nous cite pas l'exemple de l'Angleterre; car ainsi que je l'ai déjà fait observer en fait de protection douanière, il ne faut pas chercher des principes généraux applicables à tout le monde, ni copier servilement ce que font les autres, car les conditions des diverses nations ne sont pas les mêmes.

L'Angleterre, par son sol, son climat, ses conditions d'existence diffère grandement de la France; avec le concours de sa formidable marine, elle est certaine de conserver en tout temps des communications libres et faciles avec le monde entier, et par cela même d'assurer ses approvisionnements.

La force et la prospérité de l'Angleterre reposent essentiellement sur l'industrie. En France, c'est l'agriculture qui forme le principal élément de la puissance et de la richesse nationales.

En Angleterre, la grande propriété est entre les mains de quelques landlords, et la petite se partage entre un nombre de propriétaires fort restreint (de 80 à 100,000) pour la plupart très-riches et souvent fortement intéressés dans l'industrie manufacturière. En France, au contraire, la propriété est divisée à l'infini, et le cultivateur n'est généralement intéressé à l'industrie que par la vente de ses produits.

Aussi, est-ce l'industrie qui, en Angleterre, a réclamé l'abolition des droits protecteurs sur les céréales; tandis qu'en France, elle veut le maintien des droits qui protègent la production agricole, d'abord par les raisons que nous venons d'énumérer, et ensuite parce que ces droits, qui étaient exagérés en Angleterre, sont très-modérés en France. Les Anglais ne permettaient l'importation du froment étranger que lorsque l'hectolitre se vendait à 35 fr. sur les marchés de leur pays, mais chez nous, l'importation est toujours libre moyennant l'acquittement des droits indiqués plus haut, et ces droits tombent à 0 fr. 25 cent. par hectolitre aussitôt que le prix de celui-ci s'élève à 22 fr. sur les marchés français. Cependant, il serait erroné de croire que l'abolition des droits sur les céréales n'ait pas fait de tort à l'agriculture anglaise; car depuis cette époque, les propriétaires ont été obligés de consentir à de fortes réductions sur les prix de fermage de leurs terres, et plus d'un d'entre eux y a perdu la moitié de ses revenus.

Mais, ainsi que nous venons de le dire, les propriétaires de biens-fonds sont en petit nombre en Angleterre; ils possèdent généralement de grandes fortunes; et comme ils sont pour la plupart intéressés directement dans les opérations industrielles et commerciales, ils sont parvenus à compenser une partie de leurs pertes par suite du plus grand développement de l'industrie, à laquelle en outre ils louent fort avantageusement leurs terrains.

Il n'en serait pas de même en France, où les terres sont presque toujours entre les mains de petits propriétaires qui les cultivent eux-mêmes ou les afferment à de courts termes. Les grands capitaux manquent à notre industrie agricole, et si le gouvernement lui retirait sa protection douanière, les effets en seraient autrement sensibles qu'en Angleterre; je suis persuadé qu'une pareille mesure jetterait la perturbation dans cette industrie fondamentale du pays et y causerait les plus grands désastres[1].

On parle beaucoup de la vie à bon marché. Mais ce n'est pas tout de pouvoir acheter à bas prix, il faut aussi avoir l'argent nécessaire aux achats : dans quelques contrées de l'Amérique du Sud on vit misérablement, quoiqu'on puisse y acheter un bœuf pour quelques francs (3 à 4 fr.)

Il y a même des personnes assez ignorantes des lois économiques, pour croire que le dommage éprouvé par un producteur qui serait obligé de vendre ses denrées à vil prix ou même à perte, serait un bénéfice pour le consommateur. C'est une très-grave erreur; car, entre tous les membres formant une nation, il y a solidarité et communauté d'intérêts directe ou indirecte.

Citons, par exemple, les salariés de l'État, lesquels sont plus spécialement consommateurs et seraient probablement ceux qui profiteraient le plus du bon marché des produits. Mais si le cultivateur, le fabri-

[1] Le fait statistique suivant vient encore corroborer ce que je dis de la grande différence qu'il y a entre les intérêts agricoles de la France et ceux de l'Angleterre. L'Angleterre cultive 7 millions d'hectares en céréales et 3 millions et demi en pommes de terre et légumineux, tandis qu'en France les céréales occupent 14 millions d'hectares et les pommes de terre et légumineux seulement 1 million et demi. Aussi l'Anglais consomme moitié moins de pain que le Français, mais il lui faut trois fois plus de viande.

cant, etc., étaient obligés de vendre leurs produits avec un profit moindre ou même sans profit, ils ne pourraient plus continuer à payer leurs contributions sur le pied actuel; les recettes du budget ne manqueraient pas de s'en ressentir bientôt, et on ne tarderait pas à demander la réduction des traitements et même celle des emplois. Car plus un État prospère, plus il est à même de bien rétribuer ses employés; mais moins il reçoit et moins il peut donner. Pour nous en convaincre, nous n'avons qu'à comparer les traitements que l'État paie aujourd'hui à ceux qu'il payait il y a un demi-siècle. Les fonctionnaires pourraient alors éprouver le même inconvénient que j'ai signalé plus haut pour les ouvriers : leurs appointements subiraient une réduction, parce que les recettes générales du pays auraient diminué, et dans des années de disette et de cherté il leur faudrait néanmoins acheter les vivres aussi cher que sous le régime actuel de la protection. En effet, depuis deux ans nous avons le libre échange pour les céréales, c'est-à-dire la libre entrée des grains, et malgré cela le prix du pain est toujours très-élevé.

Quant aux objets fabriqués, s'il fallait tirer de l'étranger ceux que nous produisons actuellement nous-mêmes, la vente de ces objets que le marchand de détail tire aujourd'hui directement de la fabrique, passerait alors par l'intermédiaire de marchands en gros; ceux-ci prélèveraient leur bénéfice, et c'est là précisément une charge dont les fabricants français cherchent de plus en plus à affranchir les consommateurs. En outre, la spéculation et les accaparements s'en mêleraient, et je suis persuadé qu'une fois l'industrie nationale détruite, les consommateurs paieraient aussi cher et souvent plus cher qu'en ce moment[1].

Ce qui a dû prouver, du reste, aux plus incrédules, l'augmentation de la force, de la richesse et de la prospérité de la France sous le régime protecteur, ce sont les quatre milliards de souscriptions au dernier emprunt pour la guerre d'Orient, et cela après avoir déjà, dans la même année, fourni en deux fois, pour cette expédition, 750 millions de francs.

Aussi faut-il le reconnaître, jamais une armée n'a été mieux approvisionnée en toutes choses, jamais le soldat n'a été l'objet de plus de soins, jamais guerre ne s'est faite avec autant d'éléments de succès que celle-ci. On pourrait même ajouter que le gouvernement, pour payer ses frais de guerre, ne s'est

[1] Je citerai à ce sujet une maison anglaise, qui possède le monopole de la vente d'un certain produit, et qui en a augmenté le prix de 30 % depuis 1852, sans que ce produit lui revienne un centime plus cher; et cette augmentation, depuis qu'elle existe, lui donne chaque année un surcroit de bénéfice de plusieurs centaines de mille francs.

jamais trouvé dans de meilleures conditions que cette fois; car un gouvernement riche, qui peut payer comptant, est toujours servi mieux, plus vite et à meilleur marché que celui qui est pauvre et dont les finances sont en mauvais état.

Nous avons pu remarquer les mêmes avantages chez notre opulente alliée, et si ses soldats ont eu peut-être plus à souffrir que les nôtres, principalement au commencement de cette terrible campagne de Crimée, on ne peut l'attribuer qu'à l'organisation incomplète et vicieuse de l'intendance militaire anglaise; car l'Angleterre, comme la France, a mis libéralement à la disposition de son gouvernement tout l'argent nécessaire pour assurer à ses troupes le bien-être auquel leur donnent droit la richesse et la puissance de leur pays.

Aussi, jamais guerre n'a mieux fait ressortir la supériorité des nations qui aiment et favorisent *le progrès*, et qui, en recherchant et en s'appropriant les inventions nouvelles, augmentent leurs forces et leurs richesses.

C'est ce qui a eu lieu en France; c'est en attirant et en protégeant l'industrie que nous avons réussi à donner une extension immense à notre prospérité nationale; c'est, grâce à la protection que nous sommes parvenus à agrandir et à doubler presque notre production; car, tout en se développant elle-même, l'industrie manufacturière a encore contribué pour une très-large part à développer notre industrie agricole.

C'est l'industrie qui attire et retient le numéraire dans un pays, et sans beaucoup de numéraire, un peuple ne peut se procurer cette multitude d'objets qui constituent le confort de la vie. Il faut bien comprendre que ce n'est pas le travail qui nourrit et enrichit, mais bien le profit qu'on en retire; par conséquent plus le travail auquel une nation se livre est lucratif, plus sa prospérité augmente. Et comme le travail manufacturier présente, par sa régularité et ses nombreuses manipulations, des avantages importants sur le travail agricole, il est de l'intérêt d'une grande nation de posséder le plus d'industries possible. Car, si elle n'a pour ressource que les produits de la terre, son bien-être, comme je l'ai déjà dit, dépend en entier d'une bonne ou d'une mauvaise année. En cas de faible récolte, une nation riche en numéraire ou en valeurs équivalentes au numéraire, viendra acheter à des prix très-élevés l'excédant disponible des grands cultivateurs, et le petit propriétaire agricole, qui n'a pas assez récolté pour sa propre subsistance, ainsi que le pauvre, se trouveront dans l'impuissance de se procurer, non-seulement leur nourriture, mais encore leurs vêtements, leur combustible, etc., etc.

A la vérité, le gouvernement peut défendre la sortie des produits agricoles; mais alors il faut recourir aux douanes et reconnaître la nécessité et la convenance de la protection; effectivement, protéger une nation pauvre pour l'enrichir, est tout aussi juste et raisonnable que d'empêcher un peuple riche d'enlever le strict nécessaire à la nation pauvre.

Je crois même que le premier moyen est plus sage et plus facile, car un peuple pauvre est toujours faible, et comme ventre affamé ne connaît point de loi, il se pourrait fort bien que dans des moments de détresse la nation riche et forte ne permît pas au pays moins puissant de se garantir contre la famine par des défenses de sorties.

Je viens de dire : « *Ce n'est pas le travail qui* « *nourrit et enrichit, mais bien le profit qu'on en re-* « *tire.* » Qu'il me soit permis, pour bien faire comprendre cet axiome, de répéter ici ce que j'ai écrit à ce sujet dans une précédente publication :

« Le commerçant d'un pays qui, pour de l'argent, achète à l'étranger des produits, peut gagner autant que le commerçant étranger qui les lui fournit; mais le pays étranger qui fabrique ces produits gagne encore tout le bénéfice résultant de cette production.

« Exemple : Un commerçant français achète à un commerçant anglais, contre de l'argent comptant, pour 100,000 fr. de draps fabriqués en Angleterre. Sur cette vente, le commerçant anglais gagne 10,000 fr. et le commerçant français, en vendant ces draps en France, gagne également 10,000 fr. Voilà donc la balance rétablie, et l'on pourrait croire que, chacun vendant et achetant une marchandise pour ce qu'elle vaut pour lui, ni l'Angleterre ni la France n'auront perdu quelque chose dans cette opération; cependant l'avantage du côté de l'Angleterre est immense; car, quoique le commerçant anglais n'ait pas gagné plus que le commerçant français, il n'en est pas moins vrai que les 90,000 fr. qui forment le prix d'achat de ces draps en fabrique, sont gagnés par le fabricant de draps anglais et ses ouvriers, par le constructeur de machines anglais et ses ouvriers, par tous les autres ouvriers, voituriers, etc., etc., qui touchent à cette industrie, jusqu'au propriétaire, cultivateur, fermier, etc., et le gouvernement anglais gagne les contributions que toutes ces personnes lui paient.

«Tandis que du côté de la France, il n'y a d'autre gain que les 10,000 fr. du commerçant; car sur les 90,000 fr., or ou argent, il n'y a aucun bénéfice autre que celui fait par la monétisation, ce qui est peu de chose.

«Par conséquent, il est clair que si la France ne faisait que des affaires de ce genre, elle perdrait peu à peu tout le numéraire qu'elle possède. Il est donc essentiel qu'elle puisse constamment exporter autant de produits qu'il lui faut d'or; et voilà justement ce qui deviendrait non-seulement difficile, mais impossible avec le libre échange, dans la situation réciproque de l'état industriel et commercial des divers pays.

« Car les besoins de produits manufacturés augmentent considérablement avec la richesse du pays, et en plus forte proportion que les besoins alimentaires.

« Il est donc certain que si nous étions restreints à notre production agricole et au peu qui nous resterait de la production manufacturière pour nous procurer nos besoins en produits fabriqués, non-seulement notre numéraire diminuerait bientôt, mais, pour rétablir l'équilibre entre les recettes et les dépenses, la consommation diminuerait également. L'équilibre se rétablirait par une diminution dans les achats de produits étrangers, proportionnée à la diminution qu'aurait subie notre numéraire; et alors l'importance de nos achats serait réglée, non plus par nos besoins, mais par nos revenus réduits à la fois par la perte du numéraire et par la décroissance de la population productrice. A quoi sert alors l'axiome, que les produits s'échangent contre des produits, dont nous ne contestons nullement la vérité, car il est applicable au pays le plus pauvre comme au pays le plus riche. L'Angleterre échange ses produits contre des produits, et le Portugal qui lui a envoyé tout son numéraire, n'en continue pas moins d'échanger ses produits contre des produits; mais comme les produits du Portugal ont singulièrement diminué, les Portugais ont été forcés de restreindre leurs besoins; ce qui n'est pas agréable, à moins d'être imbu des principes de Diogène.

«Il y a plus: les besoins de beaucoup de Portugais, en fait de produits de l'Angleterre, ayant dépassé les ressources d'échange qu'ils trouvaient dans leurs propres produits, il en est résulté des dettes, et les Anglais, pour rentrer dans leurs avances, ont fini par acheter une grande partie de leurs meilleurs vignobles; et si aujourd'hui le Portugal n'est plus que l'ombre de ce qu'il était avant le traité de Methuen, si une partie des terres a passé entre les mains des Anglais, les Portugais n'en ont pas moins constamment échangé des produits contre des produits, et ils feront de même jusqu'à la fin du monde.

«Il est indubitable que l'industrie a pour conséquence finale d'influer de la manière la plus favorable sur les conditions de la population ouvrière, des agriculteurs, des propriétaires de biens-fonds, des capitalistes, sur la classe nombreuse des différents états et professions, sur les employés et les fonctionnaires publics, enfin sur l'État lui-même.

« Or, ceux que nous venons de nommer composent, au moins à peu de chose près, si nous ne nous trompons, la nation tout entière.

« Remarquez que chaque homme cumule deux emplois : celui de producteur et celui de consommateur. Il n'y a aucun homme consommateur qui ne soit producteur; car s'il ne l'était pas, ce serait un mendiant.

« *Pour qu'une personne quelconque puisse être bien dans ses affaires, il est de toute nécessité que le bénéfice de sa production soit égal au chiffre de sa consommation. S'il en est ainsi d'un homme isolé, il n'en peut pas être autrement d'une agglomération d'hommes ou d'une nation.*

« Donc, plus le chiffre de gain résultant de la production augmente et devient considérable, plus le bénéfice de la production dépasse les charges de la consommation.

« Et c'est l'industrie qui répond à ce but, parce qu'elle est essentiellement capable de procurer des gains à toutes les classes de la société. Elle donne l'aisance à la classe des producteurs, ou, ce qui revient au même, à celle des consommateurs; car, ainsi que nous l'avons démontré, ces deux classes n'en font qu'une.

« L'on voit donc quelle valeur il faut attacher au reproche que fait le libre échange, en disant que les douanes sont un impôt payé par la consommation aux fabricants : mot sonore ! idée creuse !

« Sans doute l'industrie, du moins la plupart de ses branches, ont besoin des douanes pour subsister. Mais les bénéfices du fabricant sont limités par la concurrence intérieure ; il en distribue la plus grande partie aux ouvriers et aux autres producteurs du pays. La plus faible partie rentre dans ses coffres, et encore cet argent ne reste-t-il pas enfermé ; en le faisant valoir, le fabricant donne lieu à de nouvelles sources de gain ; cet argent, plus tard, se divise entre ses héritiers, et l'on sait combien, après quarante à cinquante ans, les fortunes se fractionnent ordinairement en petites parcelles et se répartissent dans le pays.

« Admettons même que ce soit un tribut, car nous attachons peu d'importance aux mots, pourquoi ne pas payer ce tribut s'il y a avantage à le faire ? Et après tout, ne vaut-il pas mieux le payer à la France qu'à l'étranger ?

« Mais quand nous aurons jeté loin de nous les armes que nous fournit l'industrie, quand il faudra recourir aux autres nations pour nous vêtir et nous nourrir, nous risquerons bien alors de leur payer un tribut autrement onéreux que celui que nous payons actuellement à l'industrie française : nous risquerons de voir nos besoins exploités par les commerçants et les spéculateurs étrangers qui rançonneront impunément notre consommation, et nous obligeront de courber la tête sous le joug, parce que nous aurons abandonné nos meilleures ressources.

« Vous dites que le libre échange sera l'âge d'or de la consommation, celui du meilleur marché de tous les produits; mais vous êtes incapables de nous donner des garanties, parce que ces garanties, ce n'est pas en France qu'il faut les chercher, elles dépendent uniquement de la bonne volonté et de l'intérêt des étrangers.

« Même le bon marché, vous le rendrez stérile, parce que vous aurez supprimé les plus puissants moteurs de la fortune du pays, qui se trouvera ainsi appauvri; vous n'aurez fait, en baissant les prix, que les mettre à la portée du consommateur, et cette opération est encore loin de constituer un bénéfice.

« En général, la théorie du libre échange est une théorie du hasard : les armes qu'elle emploie sont les suppositions et les espérances non motivées d'un état meilleur.

« Quant à nous, nous aimons, nous voulons la certitude, nous prouvons jusqu'à l'évidence que la production industrielle fait le bien-être des producteurs et par là celui des consommateurs.

« Nous disons plus : il résulte des progrès de l'industrie encore un autre bienfait pour la consommation, qui est de la plus haute importance et dont souvent elle ne lui tient pas assez compte.

« Non-seulement, ainsi que nous l'avons prouvé, l'industrie fournit aux consommateurs des gains nombreux pour suffire à leurs besoins, mais encore l'industrie, par suite de la concurrence et des progrès qu'elle réalise, tend de plus en plus à fournir à bas prix ou en meilleure qualité, et à dégrever de cette manière la consommation de ses charges.

« Aussi n'existe-t-il presque pas d'industrie en France qui n'ait baissé de beaucoup ses prix et amélioré ses qualités.

« C'est le cours nécessaire des choses, et le bien obtenu sous ce double rapport nous donne l'espérance fondée de progrès nouveaux à réaliser encore.

« En un mot, en se perfectionnant, en baissant leurs prix, les industries françaises, au moins la majeure partie, ont pleinement justifié la protection qui leur a été accordée. On ne peut plus leur reprocher que leur développement soit artificiel; elles ont conquis le droit de bourgeoisie. »

Malgré toutes les raisons que nous venons de donner en faveur du maintien de la protection douanière en France, raisons qui nous semblent irréfutables, il y a des hommes qui demandent l'abolition de cette protection et l'établissement du libre échange, et parmi ces hommes, nous nous empressons de le reconnaître, il y en a qui allient une haute intelligence au caractère le plus estimable et le plus honorable.

Malheureusement presque tous n'envisagent qu'un côté de la question, celui qui leur plait le mieux et qui, en effet, serait le meilleur, *si toutes les nations n'en formaient plus qu'une seule, et si cette union présentait des garanties de durée et de stabilité.*

Il faut bien le reconnaître, nous sommes un peuple essentiellement sanguin et enthousiaste: lorsque notre imagination nous porte en avant de plusieurs siècles et nous présente la possibilité de réaliser vers cette époque telle ou telle condition sociale, notre générosité et notre impatience nous entraînent, et nous voudrions déjà faire jouir des fruits de notre imagination la génération avec laquelle nous vivons. De là provient notre grand défaut «de commencer trop souvent par la fin.»

Apprenons donc une bonne fois à modérer nos désirs et sachons nous tenir dans les bornes du possible. Adoptons et maintenons surtout ce qu'exigent les véritables intérêts de notre patrie. Nul de nous n'étant infaillible, un faux amour-propre ne doit pas nous empêcher de reconnaître nos erreurs : l'Empereur lui-même n'est-il pas revenu sur quelques-unes de ses mesures? et selon moi, ce sont là de ces actes qui lui font le plus d'honneur, car revenir librement sur une erreur pour la redresser, c'est une des meilleures preuves qu'on puisse donner de sa haute raison et de son bon jugement. Et pour ne pas nous écarter de notre sujet, je citerai le célèbre ministre anglais, Robert Peel, qui, après avoir combattu pendant vingt ans pour le maintien des lois des céréales, en a proposé lui-même l'abolition, lorsqu'il a vu que le moment était arrivé où l'intérêt général de l'Angleterre s'opposait à leur conservation.

Eh bien, en Angleterre, ce changement d'opinion, loin de lui nuire dans l'esprit de ses compatriotes, n'a fait qu'augmenter l'estime et la considération qu'ils témoignaient à ce grand ministre. En France, on l'aurait probablement injurié et qualifié d'apostat.

J'ai dit plus haut que si, en ce moment, le gouvernement enlevait la protection à nos industries, les trois quarts en seraient perdus pour la France; cependant, pour consoler les libres-échangistes et pour calmer leur impatience, j'ajouterai que si nous conservions encore pendant vingt ou vingt-cinq ans la protection actuelle, il arriverait alors le contraire de ce qui aurait lieu aujourd'hui, c'est-à-dire que les trois quarts de nos industries pourraient supporter l'avénement du libre échange, si, toutefois, ni guerre, ni autres grands bouleversements ne venaient troubler ou arrêter la marche régulière des affaires. Et si nous conservions encore la protection pendant une quarantaine d'années, je crois que nous serions alors assez forts pour pouvoir soutenir la lutte avec toutes les nations, sans avoir à craindre de trop grandes défaites ou de trop fortes pertes.

Telle est au moins mon opinion, basée sur une longue et sérieuse observation des progrès des diverses grandes industries, tant en France qu'à l'étranger.

Tous ceux qui savent combien il est long et difficile de créer et de fonder solidement de grands et importants établissements industriels, ne s'étonneront pas des délais que je demande; ils les trouveront plutôt trop courts.

L'État, pour doter le pays de chemins de fer, n'assure-t-il pas presque à toutes ces lignes un monopole d'exploitation pendant la durée d'un siècle? Et cependant il y a peu d'établissements industriels qui puissent se flatter du succès financier de la plupart de nos voies ferrées. Le gouvernement a été amené à faire ces concessions et à accorder ces avantages aux compagnies, parce que c'était le seul moyen d'attirer les capitaux dans des entreprises d'une si haute importance et d'une si grande utilité.

Il en est de même de l'industrie. Si les gouvernements précédents ne l'avaient pas protégée contre la concurrence étrangère, il est certain qu'à l'heure qu'il est, les fabriques seraient clair-semées en France : leur retirer cette protection déjà maintenant, serait arracher l'arbre au moment où il pousse les plus vigoureuses racines et où il promet les plus beaux fruits.

Sachons donc attendre le moment favorable et n'agissons pas trop précipitamment, de peur de tout gâter et de perdre les avantages que quarante années de travail persévérant, d'efforts énormes et de sacrifices immenses nous ont procurés; soyons vigilants et ne nous laissons point endormir par une folle présomption inspirée par les succès déjà obtenus; n'oublions pas que s'il est difficile d'acquérir, il n'est pas moins difficile de maintenir et de conserver.

Nous sommes encore jeunes en industrie vis-à-vis des Anglais; laissez-nous le temps d'avancer un peu en âge et de développer nos forces, et ne nous lancez pas dans la lutte avant que nous ne soyons de taille à la soutenir.

Cependant je crois que nous pourrions accepter le libre échange avec tous les pays, hormis l'Angleterre. Car les autres pays de l'Europe, ainsi que nous l'avons déjà expliqué, ont éprouvé comme nous les fâcheuses influences qui ont retardé le développement de l'industrie sur le continent; tandis que l'Angleterre, par sa position géographique, l'intelligence et le patriotisme de ses habitants, a pu étendre sa fortune et sa puissance de façon à défier celles de toutes les autres nations.

Aussi, en fait d'alliances, je trouve qu'en politique comme en industrie les meilleures sont celles qui se basent sur la plus grande communauté d'intérêts et d'affections, elles sont les plus faciles et les plus avantageuses à contracter. A ce point de vue, je crois que pour la France l'alliance la plus naturelle serait celle de l'Allemagne. Nulle part ailleurs le Français n'est mieux accueilli, plus aimé et plus estimé que dans les divers États allemands. Ceux qui connaissent les nombreux éléments de force et de richesse que possèdent ces pays, et qui savent apprécier l'intelligence, l'énergie et la persévérance du peuple allemand, ne douteront pas qu'une alliance intime entre la France et l'Allemagne, non-seulement ferait le bonheur des deux pays, mais assurerait encore à tout jamais la paix du monde.

De ce que je viens de dire, faut-il maintenant conclure qu'il n'y a rien à faire et que tout doit rester dans le *statu quo?* Loin de moi une pareille pensée; les gouvernements précédents et le gouvernement actuel ont déjà fait bien des changements douaniers avantageux au pays et à l'industrie, et l'on pourra encore en faire beaucoup.

Mais il n'y a pas de questions plus compliquées et qui exigent des connaissances plus variées et plus étendues, pour bien les résoudre, que celles qui touchent aux douanes; et comme la situation économique varie selon les besoins et les exigences de chaque pays, les questions qui s'y rattachent demandent pour chacun d'eux des solutions différentes. Aussi je conseillerais aux gouvernements d'apporter à leur examen la plus grande attention; et pour éviter des erreurs préjudiciables et peut-être irréparables, je crois qu'un gouvernement ne peut s'entourer de trop de précautions, afin que ses décisions en cette matière produisent réellement les effets qu'il est en droit d'en attendre et que les intérêts du pays exigent.

Pour atteindre ce but, il conviendrait peut-être de nommer une commission consultative, composée de membres que leur haute intelligence et leur caractère élevé recommanderaient à la confiance du gouvernement, et qui posséderaient surtout les connaissances nécessaires des affaires industrielles et commerciales pour pouvoir apprécier convenablement les questions qui seraient soumises à leur examen.

Le gouvernement consulterait cette commission pour tous les changements de douanes qu'on lui demanderait ou qu'il se proposerait lui-même d'introduire. La commission, avant de formuler son opinion, devrait appeler devant elle plusieurs des industriels marquants qui seraient intéressés dans la question soumise à son examen, afin d'entendre leurs observations sur les changements projetés. C'est seulement après la discussion de ces observations et après la vérification de leur exactitude que la commission pourrait transmettre au gouvernement un avis motivé et d'une incontestable valeur.

Le gouvernement, à son tour, formulerait un projet de loi, s'il y a lieu, pour le soumettre à l'examen et à l'approbation des corps législatifs; et ce ne serait qu'après avoir reçu leur sanction que la loi deviendrait exécutoire. Le gouvernement se réserverait nécessairement le droit de décréter promptement et directement des mesures douanières temporaires, dans le cas de crises alimentaires ou de circonstances graves.

Je crois qu'en suivant une telle marche, on se précautionnerait efficacement contre des erreurs, et les intérêts des industriels seraient sauvegardés; car il faut bien se pénétrer de cette vérité, que, du moment où les fabricants se trouveraient menacés dans leur existence par des changements inopinés dans le tarif des douanes, l'inquiétude s'emparerait des esprits, et tout progrès deviendrait impossible.

Quant aux règles qui doivent nous guider dans la solution de ces questions, il en est de cette matière comme de toute autre : Il faut se garder de pousser la mise en pratique des principes jusqu'à l'excès, ainsi que cela n'a malheureusement lieu que trop souvent en France.

Au reste, M. Fould, dont la compétence en cette matière ne sera certainement récusée par personne, a parfaitement défini la règle de conduite à observer en fait de douanes, et cette définition a d'autant plus de valeur et de mérite, qu'elle a été faite au nom du gouvernement actuel, dont M. Fould était alors le ministre des finances. Voici ses paroles prononcées devant l'Assemblée législative le 2 juin 1851 :

« C'est un devoir pour le cabinet d'exprimer son « opinion dans une question où tous les intérêts na- « tionaux, agriculture, industrie, commerce, sont « engagés. Ce devoir, je viens l'accomplir. Ce n'est « pas un discours que je veux faire, mais une *décla- « ration.*

« Les révolutions peuvent bien changer les institu- « tions politiques, mais elles ne changent pas les in- « térêts permanents d'un pays. Les gouvernements « qui se succèdent sont engagés envers ces intérêts « par une étroite solidarité. Ils doivent tenir compte « des faits existants, de la nature des productions, « de l'état de l'industrie sous le régime des tarifs « établis.

« Sans exclure les progrès, le règlement des taxes, « comme tout ce qui a trait à l'administration com- « merciale et financière, doit constituer une *poli-*

« *tique traditionnelle nationale* et non une politique « de circonstance.

« Quelle a été la politique de la France depuis la « paix? *Fermement protectrice*, *prudemment progres-« sive.* Nous ne nous écarterons pas de cette conduite.

« Nous repoussons formellement le principe du « libre échange, comme incompatible avec l'indé-« pendance et la sécurité d'une grande nation, « comme inapplicable à la France, comme destruc-« teur de nos belles industries.

« Sans doute nos tarifs de douanes contiennent « des prohibitions inutiles et surannées; nous pen-« sons qu'il faut les faire disparaître.

« Une protection douanière est nécessaire à nos « industries. Cette protection ne doit pas être aveugle, « immuable ou excessive, mais le principe doit être « fermement maintenu. »

Il est impossible de définir, dans des termes plus vrais et plus justes, les intérêts de la France dans cette grave question; et cette déclaration doit, à mon avis, rassurer entièrement les industriels français, et les convaincre que l'empereur ne donnerait point sa sanction à une mesure qui pourrait compromettre les intérêts et la prospérité de la France[1].

[1] Nous sommes heureux de pouvoir encore ajouter que, dans la séance du 16 avril 1856, M. Baroche, président du Conseil d'État, a relu devant le Corps législatif la déclaration ci-dessus, et a ajouté qu'il la répétait au

Cependant, comme cette question est excessivement compliquée, je crois qu'il faut autant que possible spécialiser son opinion; et cette considération m'engage à ajouter ici plusieurs remarques qui, peut-être, pourront présenter quelque utilité.

Ainsi que je l'ai dit plus haut, en matière de douanes il faut se garder de trop généraliser; chaque question demande à être examinée sous ses diverses faces, et comme toute mesure a ordinairement de bons et de mauvais effets, il est essentiel de rechercher si le mal qui en résulte n'est pas plus grand que le bien qu'on en attend; il faut peser mûrement le pour et le contre, n'agir qu'avec beaucoup de prudence, et accorder toujours la préférence à ce qui peut augmenter le plus efficacement le bien-être général du pays.

Le gouvernement, en ne dépouillant la protection douanière que de son superflu, ne soulèvera aucune plainte fondée; bien au contraire, il en résultera des avantages certains, ainsi que je vais le démontrer.

Lorsqu'après la paix générale on a établi des droits protecteurs, ces droits furent basés sur le prix des matières premières et ouvrées, de telle façon que les

nom du gouvernement. La déclaration de M. Baroche confirme donc entièrement ce que j'ai dit plus haut sur les intentions du gouvernement impérial en matière de protection du travail national.

produits français se trouvèrent protégés de 25, 50 ou 100 p. °/₀ contre les produits similaires étrangers. Depuis ce temps, les prix de ces matières ont beaucoup baissé, mais comme les droits avaient été fixés dans le tarif à raison de tel ou tel chiffre par 100 kilogr., c'est-à-dire, *au poids.* et non en proportion de la valeur (*ad valorem*), il s'en est suivi que certain produit, qui primitivement était protégé d'un droit de 50 p. °/₀, l'est aujourd'hui, en réalité, par un droit de 100 p. °/₀, si le prix de ce produit a baissé depuis de moitié.

Il est donc rationnel et de toute justice de revenir au moins au taux de la protection primitive. En effet, si cette protection était suffisante, il y a trente ans, à plus forte raison l'est-elle maintenant; cela est d'autant plus vrai que, dans cet intervalle, elle a dû fortifier dans le pays l'industrie qu'elle était appelée à garantir, et celle-ci se trouve actuellement dans une situation meilleure qu'en 1816 et 1817. Par conséquent, aucune industrie n'aura à se plaindre, si l'on modifie, dans le sens que je viens de signaler, la protection dont elle jouit.

Le pays en retirera deux avantages, l'un présumable, c'est-à-dire que des réductions semblables seront opérées par d'autres gouvernements dans leurs tarifs de douanes et favoriseront l'exportation de nos produits; car généralement les concessions appellent les concessions, comme les attaques provoquent les représailles.

L'autre avantage sera certain, parce qu'en faisant les modifications dans le sens que j'indique, il y aura moins à craindre de voir telle fabrication devenir le privilége de quelques-uns au détriment de tous, et d'avoir à payer pour des produits indigènes des prix exorbitants et hors de proportion avec les produits similaires étrangers.

Si, d'une part, je demande, avec une conviction profonde et bien arrêtée, *que le gouvernement maintienne une protection suffisante à nos industries*, d'un autre côté, je trouverais injuste que cette protection dépassât certaines limites, surtout lorsqu'il s'agit de matières premières.

En effet, supposons qu'un produit quelconque valant, il y a trente ans, en France, 64 fr. les 100 kilogr., et à l'étranger 46 fr., ait été protégé à cette époque par un droit de 50 p. %, soit 23 fr. les 100 kilogr., il s'ensuit que le produit français aurait joui d'un avantage de 5 fr. sur le produit étranger, et le fabricant français pouvait, à la rigueur et à qualité égale, gagner 5 fr. de plus que son concurrent étranger : cette différence de 5 fr., c'est le consommateur français qui était exposé à la payer.

Supposons, maintenant, qu'aujourd'hui ce même produit se vende à l'étranger 30 fr. et en France 40 fr.

les 100 kilogr., il faudrait, pour lui conserver la même protection qu'il y a trente ans, réduire le droit de 23 fr. à 15 fr. par 100 kilogr., ou 50 p. °/₀ de sa valeur. Si le gouvernement n'opère pas cette réduction, il expose le consommateur français à payer ce produit de 13 fr. les 100 kilogr. trop cher, au lieu des 5 fr. primitivement fixés.

Si la concurrence peut généralement faire justice des prix exagérés, ce serait une erreur de croire qu'elle est toujours suffisante pour empêcher les gains illicites et onéreux pour le consommateur.

Ce genre d'abus peut surtout avoir lieu, lorsqu'il s'agit de matières premières ou d'objets ouvrés, dont la fabrication n'a lieu que dans quelques établissements, qui peuvent facilement s'entendre pour vendre aux mêmes prix. Un cas analogue peut se présenter pour des matières d'un transport difficile ou coûteux, et qui ne sont pas susceptibles d'être écoulées loin du centre qui les produit; car il suffit qu'un surcroît de consommation vienne se manifester, pour que ceux qui produisent ces matières, haussent immédiatement les prix dans une forte proportion, parce qu'ils sont les maîtres du marché, et l'on peut être certain qu'ils arriveront bientôt à la dernière limite, c'est-à-dire, aux 13 fr. indiqués ci-dessus; car lorsque dans un pays la production ne suffit plus aux besoins de la consommation, chaque producteur cherche avant tout à obtenir les prix les plus élevés, et alors seulement il augmente sa production.

Cependant il faut bien observer qu'en appliquant ces considérations à des changements à introduire dans le tarif des douanes, il est essentiel de ne pas se baser sur des prix momentanés, résultant d'une hausse ou d'une baisse extraordinaire; il ne faut admettre que des prix normaux, ayant cours en France ou à l'étranger et offrant par leur stabilité et par leur durée toutes les garanties voulues contre les erreurs ou les surprises.

C'est cette dernière raison qui me fait tant insister à demander que le gouvernement ne choisisse, pour l'examen de ces questions, que des hommes compétents et qui possèdent les connaissances spéciales pour une juste appréciation de données aussi importantes.

Lorsqu'il reste le plus léger doute sur le chiffre exact de la réduction à faire, il faut bien se pénétrer de cette vérité, qu'un *droit trop élevé* est bien moins préjudiciable aux intérêts français qu'un *droit trop peu élevé.*

Dans le premier cas, on peut toujours revenir sur l'erreur commise; dans le second, il est à craindre que le mal ne devienne irréparable. Ceci est surtout vrai quand il s'agit d'objets fabriqués, parce qu'il y en a peu pour lesquels la concurrence intérieure ne soit suffisante pour ramener dans l'intérêt du consommateur les prix à leur taux naturel et normal.

Je ne parlerai pas ici des mesures douanières particulières et provisoires que le gouvernement peut être dans le cas de prendre par suite *de mauvaises récoltes, d'un changement dans la production*, *d'une nouvelle invention, d'un excès de consommation*, etc.; la bonté et l'efficacité de ces mesures dépendent surtout de l'à-propos de leur mise en vigueur; il est donc indispensable d'accorder à ces questions un examen sévère et approfondi, aussitôt qu'elles se présentent.

Quant à *l'industrie agricole,* elle ne peut être soumise aux mêmes considérations douanières que *l'industrie manufacturière;* dans la protection des produits du sol, la question des subsistances qui touche de si près à l'existence même des peuples, doit dominer toutes les autres. L'influence maladive que subissent plusieurs produits alimentaires depuis une dizaine d'années, ajoute encore à la gravité de cette question.

Aussi ne serait-il ni prudent ni sage de favoriser outre mesure, par des droits de douane, la culture des produits servant de matières premières à l'industrie, parce qu'on s'exposerait à provoquer par là la diminution ou même l'abandon de la culture des produits alimentaires. Il vaut mieux avoir recours à l'étranger pour des matières dont on peut se passer au besoin, que d'en dépendre pour celles qui nous sont d'une absolue nécessité.

Si je recommande tant de réserves et de restrictions, il ne faut pas croire que je sois animé d'un esprit égoïste et exclusif, et encore moins que j'éprouve des sentiments d'hostilité ou de jalousie envers les étrangers. Bien loin de là, je désire ardemment que tous les peuples du monde se rapprochent et s'allient de jour en jour d'une manière plus intime et plus fraternelle.

Mais pour arriver à une véritable et sincère alliance des peuples, il est nécessaire que chaque nation y trouve son avantage. Au lieu de commencer par froisser et bouleverser les intérêts les plus graves par la proclamation du libre échange, il vaudrait beaucoup mieux y procéder plus doucement et plus sûrement, en commençant, par exemple :

Par l'établissement *d'un système uniforme de monnaies, de poids et de mesures;*

Par une modification législative qui ferait disparaître les entraves mises à *la naturalisation* et accorderait à l'étranger, qui établit son domicile et importe son industrie dans un pays, les mêmes droits et avantages qu'aux nationaux, sauf à lui imposer par contre les mêmes charges et obligations[1].

[1] La loi anglaise défend encore aux étrangers de posséder la moindre parcelle de terre en Angleterre, tandis que la loi française ne met

Avant de confondre entièrement nos intérêts avec ceux des autres peuples, il faudrait *des garanties de paix et de stabilité,* qui ne pourront s'obtenir que lorsque les nations alliées auront acquis la certitude que cette alliance est profitable et utile à chacune.

Mais il est malheureusement plus que probable que ces conditions ne seront pas remplies de si tôt, et en attendant, ce que nous avons de mieux à faire, c'est de conserver le régime économique qui a été si favorable à la fortune et à la prospérité de la France.

D'ailleurs, loin de diminuer par la protection accordée à notre industrie nos relations avec les autres peuples, nous les avons, au contraire, augmentées; elles ont même acquis une importance telle que l'imagination la plus hardie n'aurait osé la rêver avant l'établissement du système de douanes actuel.

Le mouvement commercial de la France avec les autres États s'élève aujourd'hui à près de quatre milliards de francs, dont 1,800,000,000 pour l'exportation et environ autant pour l'importation.

Et cette prospérité, loin de nuire aux autres nations, leur profite au contraire; car plus un État est florissant, plus il consomme.

aucune entrave aux acquisitions faites par les étrangers. Aussi, dans beaucoup de contrées de la France, les Anglais possèdent de belles propriétés immobilières, notamment une grande partie des meilleurs vignobles du Bordelais, et aujourd'hui nos vins les plus fins sont peut-être consommés exclusivement en Angleterre.

Nous transformons aujourd'hui chez nous beaucoup de matières premières que nous tirons d'Amérique, de Russie, d'Allemagne, etc., lesquelles matières, sans notre régime douanier, recevraient en grande partie leur transformation dans d'autres pays. Mais en produisant moins, la France consommerait aussi moins, parce qu'elle serait plus pauvre. Comme conséquence de ce fait presque certain, il pourrait bien arriver ce que nous avons dit plus haut : Que la nation, qui, par l'effet du libre échange, gagnerait ce que nous perdrions, n'y trouvât cependant pas tout le bénéfice qu'elle en eût espéré. Car notre consommation générale diminuant, elle perdrait peut-être sur les objets que nous consommons aujourd'hui en masse ce qu'elle gagnerait sur les produits dont elle nous aurait enlevé la fabrication.

De tout ce qui précède, il résulte que la France exposerait gravement sa fortune, en contractant *une communauté avant le mariage*, ainsi que les libres-échangistes le lui conseillent; elle fera donc bien mieux de suivre les lois de la raison et de la prudence, et de n'entrer en *communauté qu'après le mariage*, c'est-à-dire après qu'elle aura reconnu qu'une telle alliance lui présente toutes les garanties et tous les avantages qu'il est de son devoir d'exiger.

En effet, un peuple ne doit pas contracter des

alliances d'inclination qui pourraient compromettre sa fortune et son pouvoir, mais bien des alliances capables d'augmenter sa force et son bien-être, c'est-à-dire conformes à ses intérêts bien entendus.

Terminons ces considérations douanières, en citant l'exemple qu'un peuple bien éclairé sur ses intérêts nous fournit en faveur du système de la protection.

Les États-Unis sont, sans contredit, le pays où les principes de liberté reçoivent l'application la plus large, où les intérêts généraux passent avant tout, où les finances sont dans la situation la plus florissante, où les charges publiques sont des plus légères, et dont le peuple n'entend payer les impôts qu'à l'État et non au profit des fabricants. Eh bien, aux États-Unis la plupart des produits manufacturés importés sont frappés d'un droit de douane *de 30 % de leur valeur*.

Pourtant l'Amérique, plus qu'aucun autre pays du monde, est essentiellement un pays agricole, les meilleures terres couvertes des plus belles forêts s'y achètent encore à 25 fr. l'hectare; la main-d'œuvre du moindre journalier s'élève à 4 fr. par jour; toutes considérations qui sont plutôt en faveur du libre échange que de la protection; néanmoins c'est cette dernière qui y est en vigueur, et le tarif américain peut généralement rivaliser avec les tarifs les plus élevés des divers pays de l'Europe, où nous sommes cependant dans des conditions moins favorables [1].

Mais les Américains savent fort bien qu'au moyen de *la protection douanière* ils parviendront à attirer chez eux une grande industrie manufacturière; et qu'alors seulement leur prospérité reposera sur des bases solides, leur indépendance sera assurée et leur puissance bien établie. Car aujourd'hui un peuple ne peut sérieusement prétendre au titre de *grande nation*, s'il n'est en possession d'une industrie largement développée.

Cependant, ce qui n'existe ni aux États-Unis ni en Angleterre, et ce dont les libres-échangistes, pour être logiques, devraient avant tout demander la suppression, ce sont *les octrois* perçus aux portes de nos villes.

Qu'il me soit permis d'entrer dans quelques courts détails à ce sujet.

[1] Les États-Unis ont une superficie presque égale à celle de l'Europe, et leur population ne s'élève qu'à 24 millions d'habitants; soit les trois quarts seulement de celle de la France. Par conséquent, c'est comme si la France avait un quart de sa population de moins et que tout le reste de l'Europe fût encore inhabité. Ou plutôt : comme si tous les pays d'Europe ne contenaient ensemble que 24 millions d'habitants au lieu des 250 millions qui les occupent.

CHAPITRE II.

DES OCTROIS.

Ainsi que nous l'avons déjà fait remarquer, les octrois, constituant des lignes de douanes dans le pays même, entravent et arrêtent la production et la circulation nationales, tandis que les douanes aux frontières les favorisent.

Les droits d'octroi pesant sur les produits indigènes, il peut en résulter, pour le producteur français, la nécessité d'abaisser ou d'avilir ses prix ; tandis que les droits perçus aux frontières forcent le producteur étranger à nous fournir ses produits au plus bas prix possible.

A mon avis, le gouvernement ferait bien d'engager les villes à modifier plusieurs de ces droits d'octroi; je ne veux pas parler de ceux qui frappent les boissons ou les objets dont on peut se passer au besoin, mais bien des droits qui grèvent les produits qui sont absolument nécessaires à la nourriture des masses et des classes pauvres; ceux-ci, il faudrait les réduire et les supprimer peu à peu. Je sais bien que l'on répondra que la suppression des droits sur la viande, en 1848, n'a eu que de faibles résultats pour les consommateurs de Paris; mais j'avoue que cette expérience ne me paraît nullement concluante, parce qu'elle s'est faite dans des temps de troubles et d'incertitude, et que d'ailleurs elle n'a eu que peu de durée; je suis persuadé que, renouvelée dans des circonstances normales et plus favorables, elle aura des effets tout différents.

On pourrait peut-être objecter avec plus de raison que les besoins toujours croissants des grandes villes ne permettent ni réductions, ni suppressions dans leurs revenus. Je l'admets pour Paris, tout en faisant observer que l'octroi n'y a été rétabli au commencement de ce siècle qu'à titre d'impôt municipal et de bienfaisance, et qu'il ne s'élevait primitivement qu'à quelques millions de francs (je crois cinq millions), tandis qu'aujourd'hui les recettes de l'octroi de Paris s'élèvent à la somme énorme de 35 à 40 millions de francs.

Mais Paris est une ville hors ligne; elle représente à la fois la tête et le cœur de notre patrie, et le sort de la France entière s'y décide quelquefois. Je sais bien qu'on a déjà souvent déploré cet immense ascendant d'une seule ville sur les destinées de tout un pays; mais je ne partage pas cette manière de voir, et loin de m'affliger de ce résultat de la centralisation, je m'en félicite au contraire. Car, comme je l'ai déjà fait observer, les émeutes et les révolutions se concentrent aujourd'hui dans la capitale, et par cette raison, elles sont moins meurtrières, portent moins de préjudice à la prospérité du pays et deviennent en même temps plus faciles à combattre, que si la guerre civile se répandait partout et mettait la France entière à feu et à sang. Aussi, le gouvernement, comprenant bien cette situation, a fait disparaître dans la capitale bien des rues tortueuses et étroites, qui, en gênant les mouvements et les dispositions stratégiques des troupes, rendaient la compression des émeutes plus difficile; il a fait opérer de grands changements, ériger de nombreuses constructions et établir de bonnes et larges communications, aussi bien en vue du maintien de l'ordre et de la sécurité générale de la France, que dans l'intérêt de la ville, de sa salubrité et de son embellissement.

Je ne marchanderai donc rien à la ville de Paris, et si, par suite de l'octroi, la vie y est plus chère qu'ailleurs, il faut l'attribuer à la force des circonstances, et y reconnaître même un bien, en ce que cet état de choses met un obstacle à une trop forte agglomération de population dans la capitale.

Mais quant aux villes de province, je pense que plus d'une d'entre elles a abusé de la facilité que lui présentaient les droits d'octroi pour augmenter ses revenus. Elles se sont souvent laissé entraîner par là à des dépenses d'une utilité très-contestable, et comme ces dépenses dépassaient fréquemment les estimations primitives, elles ont conduit à la nécessité de contracter des emprunts et d'engager d'avance, pour une longue série d'années, les ressources municipales.

Cependant les villes, plus encore que l'État, devraient veiller à ne dépenser leur argent que pour des choses productives et réellement utiles, qui auraient pour objet d'augmenter leurs revenus ou de réduire les dépenses des habitants, ou bien, qui présenteraient un but d'utilité générale.

Malheureusement cette dernière condition est très-élastique et dépend beaucoup de la manière dont elle est envisagée ; il faut donc que ceux qui l'interprètent et en décident soient bien pénétrés de sa nécessité et de ses avantages réels.

Par ces raisons, il me paraît urgent de recommander aux villes et aux départements une sage économie dans leurs dépenses, surtout lorsqu'il s'agit de subventions comme, par exemple, celles des théâtres, pour lesquelles certaines administrations municipales se laissent aller peut-être au delà de ce que l'intérêt, bien entendu, de la cité leur commande. En effet, lorsque je vois des villes dont les finances sont loin d'être dans un état florissant, subventionner un théâtre, de 50 à 100,000 fr. par an, pour n'en retirer que 10 à 20,000 fr. en faveur de leurs bureaux de bienfaisance, je crois qu'il y a abus et qu'il vaudrait mieux avoir une troupe théâtrale un peu moins complète, et réduire, par contre, d'un tiers ou de moitié l'octroi sur les viandes.

Je crois encore que les conseils municipaux devraient s'abstenir de toute dépense ayant pour but unique l'embellissement de leurs villes; d'abord, parce qu'il pourrait fort bien arriver que ce qui paraît aujourd'hui beau aux yeux d'un maire, cessât de l'être aux yeux de son successeur; ensuite, parce que ce sont des dépenses improductives, qu'il ne faut se permettre que lorsqu'on en a les moyens, mais qu'il convient surtout d'éviter quand on est obligé de recourir aux emprunts pour les payer.

En général, les municipalités devraient se garder d'entreprendre des constructions trop dispendieuses et hors de proportion avec leurs ressources, puisqu'elles attirent dans les villes une nombreuse population ouvrière, soit des campagnes, soit de contrées lointaines, et même des pays étrangers; et lorsqu'arrive plus tard le moment où les finances de la ville s'opposent formellement à la continuation de ces travaux, ces ouvriers et leurs familles se trouveront sans travail et seront souvent réduits à la misère. Quelle sera alors la situation? La ville s'étant endettée, ses habitants seront obligés de subir, peut-être pendant plus d'une génération, des charges onéreuses, dont il eût été sage et utile de les préserver. Et tout cela, pour donner pendant quelques années un travail extraordinaire à un grand nombre d'ouvriers étrangers qui, sans cet appât, auraient pu trouver une occupation régulière et constante dans leur localité, ou qui auraient cherché une meilleure position dans l'émigration, en contribuant ainsi à peupler des contrées qui ne demandent que des travailleurs pour les nourrir et les enrichir.

J'ai l'intime conviction que si les municipalités voulaient suivre les règles d'une sage et prudente économie, faire moins par elles-mêmes, mais encourager et intéresser la spéculation privée à faire le plus possible, leurs finances s'en trouveraient mieux, et elles pourraient bientôt, sinon abolir complétement, du moins diminuer dans une forte proportion les droits d'octroi perçus sur les produits alimentaires d'une absolue nécessité. En le faisant, elles rendraient un immense service à l'agriculture, ainsi qu'aux classes pauvres ou peu aisées, dont les intérêts et le bien-être leur sont confiés.

Mais après avoir demandé aux villes d'apporter des allégements aux taxes municipales, je devrais, à plus forte raison, solliciter du gouvernement des modifications à l'impôt de *l'enregistrement*, qui est peut-être de tous les impôts celui qui pèse le plus lourdement et le plus inégalement sur l'agriculture.

L'enregistrement, par ses droits proportionnels sur les ventes et sur les successions, est, sans contredit, une des taxes les plus onéreuses que nous ayons en France; il entrave considérablement la mutation des immeubles, et, par cette raison, il est peut-être une des principales causes de ce que les valeurs immobilières ne jouissent pas de la même faveur et des mêmes succès que les valeurs mobilières. Une bonne réforme dans ce sens produirait probablement les plus heureux résultats sur l'industrie agricole et sur la prospérité générale du pays. Il devient donc de plus en plus indispensable de réduire l'impôt de l'enregistrement dans une forte proportion. Cependant, comme en ce moment le gouvernement a besoin de toutes ses recettes et qu'on ne saurait opérer des réductions importantes sans compensation, il est nécessaire de trouver d'abord des ressources nouvelles équivalentes et plus supportables.

A cet effet, j'émettrai ici quelques réflexions sur deux impôts, au moyen desquels je crois qu'on pourrait atteindre ce but. Ces deux impôts seraient, à la vérité, nouveaux en France, mais depuis de longues années ils fonctionnent en Angleterre et dans quelques autres pays de l'Europe; je veux parler de *l'impôt sur le luxe* et de celui sur *le revenu.*

Je m'arrête à ces deux taxes, parce qu'il y a de puissants motifs à faire valoir en leur faveur, et qu'elles me paraissent le mieux posséder les conditions que l'on doit rechercher lorsqu'on veut remplacer un impôt par un autre, c'est-à-dire que le nouvel impôt doit être moins onéreux que l'ancien, et établir une répartition plus égale et plus équitable entre les charges des contribuables.

CHAPITRE III.

DE L'IMPÔT SUR LE LUXE.

Je sais parfaitement que des impôts somptuaires ont déjà été proposés plusieurs fois aux assemblées législatives de France et rejetées par elles, peut-être à tort; car, pour que l'aristocratie anglaise les ait adoptés, il fallut qu'elle fût pénétrée de leur équité, de leur justice et de leur nécessité.

Et pourquoi n'en serait-il pas de même en France, où nous parlons toujours d'égalité devant la loi et et même d'égalité en toutes choses? faut-il donc admettre, qu'à force de vouloir l'impossible, nous ne savons pas même acquérir ce qui est possible? Les Anglais n'ont jamais pris pour devise les mots de Liberté, Égalité, Fraternité, mais dans leurs mœurs et dans leur législation, ils les pratiquent mieux que nous ne l'avons jamais fait. C'est que l'Anglais ne donne pas dans les extrêmes, il sait trop bien que l'égalité n'est jamais absolue, et qu'elle ne peut régner que là où la nature des choses ne s'y oppose pas. Mais lorsqu'il s'agit de faire des lois, basées sur l'équité, la justice et une sage liberté, les Anglais ne cèdent le pas à aucune autre nation.

On a souvent parlé des impôts indirects de l'Angleterre, en nous les citant, à bon droit, comme des modèles à suivre. Effectivement, les Anglais cherchent par ces impôts à grever de préférence les produits du dehors, afin de forcer le producteur étranger à les leur fournir au plus bas prix possible, tandis que par nos droits d'octroi, nous faisons précisément le contraire, ainsi que nous l'avons déjà fait observer.

Si l'Angleterre impose légèrement quelques-uns de ses produits manufacturés, cela n'exerce aucune influence fâcheuse sur le fabricant anglais, dont la production industrielle et manufacturière est sans bornes, tandis que la production agricole, comme nous l'avons déjà dit, est limitée par l'étendue du sol et par les exigences du climat.

Il vaudrait donc beaucoup mieux soumettre à une contribution les produits manufacturés que les produits agricoles, et certes il serait bien plus rationnel d'imposer, comme cela se pratique en Angleterre, les papiers peints, les cristaux, les glaces et autres objets de luxe, dont la production est régulière et dont la taxe frappe bien plus le riche que le pauvre, que de faire peser une charge semblable sur les produits d'une culture chanceuse, moins avantageuse, et dont le pauvre souffre plus que le riche.

Je n'ai jamais été grand partisan des impôts somptuaires, parce que, s'ils ne sont pas établis avec discernement, on court risque d'imposer le travail et par conséquent la classe ouvrière. Cependant je crois qu'il faut également se garder *de ne rien faire;* car, dans bien des cas, il peut y avoir non-seulement convenance, mais encore justice à imposer le luxe.

Par exemple, pourquoi n'imposerait-on pas légèrement l'équipage du maître et le cheval de selle qui usent bien davantage les routes et les pavés que ne le font les piétons? Je comprendrais plutôt qu'on exemptât les voitures publiques qui sont au service de tout le monde, que la voiture particulière qui procure à celui qui la possède un confort personnel et qui peut même souvent lui donner des avantages réels sur ceux qui ne sont pas en état d'avoir les mêmes facilités.

En envisageant cet impôt d'un point de vue plus élevé, on est encore forcé d'en reconnaître l'utilité. Trop encourager l'amour du luxe dans toutes les classes de la société, c'est y propager l'*égoïsme* et l'*immoralité,* car pour satisfaire les besoins que le luxe fait naître, l'homme est enclin à user de tous les moyens, légitimes ou non, afin de se procurer les ressources nécessaires aux dépenses excessives auxquelles il est entraîné par ses goûts ou par les exigences sociales.

S'il est honnête, il tâchera d'arriver à ce but par

le travail, mais il travaillera outre mesure, et peut-être au détriment de sa santé, heureux encore si les efforts qu'il déploie dans ce but peu digne ne sont pas la cause de sa ruine et de celle de beaucoup de ses concitoyens. Si, au contraire, il est moins scrupuleux, il ne reculera pas devant des moyens illicites, pour se procurer à tout prix ce qu'il lui faut. En fin de compte l'égoïsme triomphe, le cœur se rétrécit, la générosité se perd, on ne donne plus, mais on vend, on tire profit de tout pour pouvoir tout acheter, *rien pour rien* est érigé en principe. Et ne sait-on pas que les mauvaises passions sont d'autant plus vives et d'autant plus dangereuses qu'elles sont plus difficiles à satisfaire? Cependant, il est évident que la richesse, le bien-être et le bonheur ne peuvent échoir en partage à tout le monde, à moins que Dieu ne change les conditions actuelles des hommes sur la terre et ne fasse disparaître les maux qui affligent l'humanité.

Je me crois donc autorisé à dire qu'en imposant certains objets de luxe, on prendrait une mesure juste et sage : *Juste*, parce qu'on ne ferait payer cet impôt qu'à ceux qui peuvent et veulent bien le payer; *sage*, parce qu'il est probable que cette mesure arrêtera un peu la tendance excessive vers un luxe effréné. En même temps, ceux qui ne pourront pas prétendre à un grand confort, trouveront une certaine compensation dans la pensée, que celui qui possède un carrosse et des appartements somptueux, est obligé d'acheter ces agréments par une contribution payée à l'État, c'est-à-dire à tous, ce qui diminue d'autant les charges qui pèsent sur le prolétaire. Souvenons-nous qu'il est toujours pénible et poignant pour celui qui vit dans la misère, et auquel personne ne tend la main, de contempler le déploiement d'un luxe bien souvent exagéré et insolent.

En Angleterre, l'impôt sur le luxe, c'est-à-dire sur les voitures, chevaux, domestiques, vaisselle d'ar-d'argent, armoiries, chiens[1], permis de chasse, cartes à jouer, etc., rapportait, il y a une dizaine d'années, 40 millions de francs. Ce n'est qu'un petit revenu pour l'Angleterre, et cependant elle l'a établi, parce qu'elle en a reconnu la justice et la nécessité.

Il faut encore remarquer qu'en Angleterre le luxe est généralement moins choquant que chez nous, les Anglais s'efforçant autant que possible à le rendre utile et profitable. Les domestiques y sont presque aussi bien habillés que les maîtres; les parcs, même dans la ville de Londres, servent de pâturages à de

[1] A l'Assemblée législative j'avais proposé un impôt sur les chiens; cette proposition fut rejetée. Depuis, cet impôt a été établi par le gouvernement actuel, et il s'élève, pour la première année, à la somme de *six millions de francs*.

nombreux troupeaux; leurs courses aux chevaux, leurs chasses aux renards, ont pour but principal le perfectionnement de la race chevaline, etc.

Cette habitude des Anglais, de réunir l'utile à l'agréable, les porte aussi à rester toute leur vie dans les affaires; car ils savent parfaitement allier les jouissances de la famille et de la société aux exigences du travail, tandis qu'en France, principalement dans les grandes villes, beaucoup de commerçants et d'industriels ne travaillent que le temps strictement nécessaire pour amasser une fortune qui leur permette de vivre de leurs revenus. Pendant ces années de travail, le Français ne vit que pour les affaires, il se prive de tout, même quelquefois de la société de ses enfants, afin d'arriver plus vite au but tant désiré, celui d'embrasser l'état commode de rentier.

Il y aurait tout un livre à écrire sur cette tendance trop prononcée de notre époque. Mais pour moi il est hors de doute qu'il vaut bien mieux faire alterner aussi longtemps que possible le travail avec le plaisir, que de vouer exclusivement au travail les plus belles années de sa vie, et de réserver pour le seul plaisir l'âge qui s'y prête le moins.

L'on trouvera d'ailleurs que l'homme, habitué au travail et décidé à le continuer tant qu'il en a les forces, sera moins âpre au gain et en même temps plus disposé à se renfermer dans des dépenses utiles; parce qu'un luxe extravagant serait contraire à ses habitudes et compromettant pour sa position. Ses sentiments généreux se manifesteront et se développeront plus facilement, parce qu'en faisant des sacrifices, il a la possibilité de regagner ce qu'il donne, sans se soumettre à des économies gênantes.

Il n'en est pas de même de l'homme qui veut s'enrichir en peu de temps: Ou il sera d'une grande avidité, ou il aura l'esprit entreprenant et se livrera à des spéculations souvent hasardeuses et compromettantes. Dans le premier cas, après être arrivé au but de ses désirs, il veillera probablement avec anxiété à la conservation intacte d'une fortune qu'il aura amassée avec tant de peine et de privations; dans le second cas, il sera presque toujours fier et présomptueux, affichera souvent un grand luxe et dépensera parfois son argent avec la même facilité qu'il l'aura gagné.

En considérant maintenant que l'impôt sur le luxe a produit d'excellents résultats en Angleterre et qu'il y augmente avantageusement les revenus publics, je ne puis m'empêcher d'en reconnaître également l'utilité pour la France, dont les finances en ont certes aussi besoin, et je soumets respectueusement cette question à l'examen sérieux de nos législateurs. Je voudrais attirer surtout leur attention sur son côté moral; car l'amour immodéré du luxe a déjà engendré bien du mal, qui ne manquerait pas de s'aggraver encore si une sage législation ne venait lui poser des barrières. Il n'y a qu'une bonne loi d'impôt qui soit capable de produire cet effet, en modérant ce penchant dangereux et ruineux auquel un trop grand nombre de nos concitoyens s'adonnent avec passion et frénésie.

Certes, nous serions bien plus heureux si nous pouvions nous soustraire, tant soit peu, à cet esclavage du luxe, qui, en nous imposant de folles dépenses, nous oblige ensuite à faire d'un autre côté de grandes économies, et nous empêche souvent de venir en aide, autant que nous le voudrions, à nos frères malheureux.

En nous habillant plus simplement, en nous logeant et en vivant d'une manière moins dispendieuse, il nous resterait bien plus de moyens disponibles pour aider ceux qui souffrent; et l'émulation de faire le bien viendrait remplacer la passion du luxe qui nous dévore, nous perd et nous ruine.

CHAPITRE IV.

DE L'IMPÔT SUR LE REVENU.

Quant à l'*impôt sur le revenu*, voici les raisons qui me semblent militer en sa faveur et démontrer son utilité et sa moralité.

Les chiffres que je donne, ne reposent que sur des estimations faites par moi-même, et bien qu'ils soient basés sur de nombreux renseignements recueillis sur cette matière (à défaut de statistiques officielles, qui paraissent manquer presque complétement), je ne puis en garantir l'exactitude. Je laisse donc chacun libre de rectifier, de changer ou d'adopter mes calculs, selon son appréciation; mais je crois qu'il est presque impossible d'avoir des données exactes et sérieuses, avant d'avoir expérimenté un tel impôt.

J'estime qu'il y a en France huit millions de familles, et que sur ce nombre il y en a à peine un million qui jouissent d'un revenu annuel dépassant 1500 fr.; et en admettant qu'on imposât de 3 % les revenus à partir de 1500 fr., il en résulterait pour l'État une recette annuelle de 111,600,000 fr.

Mes calculs reposent sur les bases suivantes :

REVENUS par FAMILLE.	NOMBRE de FAMILLES par département.	TOTAL des FAMILLES en France.	SOIT en CHIFFRES RONDS.	PRODUIT par FAMILLE de l'impôt à 3 %.	TOTAUX DE L'IMPOT à raison de 3 %.
Fr.				Fr.	Fr.
2,000 [1]	11,000	946 000	1,000 000	60	60,000,000
3,000	2,000	172.000	200.000	90	18 000,000
5,000	1,000	86,000	90,000	150	13,500 000
10,000	200	17,000	20,000	300	6,000 000
20,000	100	8,600	10,000	600	6,000,000
30.000	50	4,300	5.000	900	4.500 000
60,000 [2]	20	1,720	2.000	1,800	3.600 000
			1,327,000		111,600,000

[1] Le chiffre 2000 représente le revenu moyen entre 1500 fr. et 2500 fr.; celui de 3000 représente le revenu moyen entre 2500 fr. et 3500 fr., et ainsi de suite.

[2] En m'arrêtant dans le tableau ci-dessus aux revenus de 60,000 fr., représentant le produit d'une fortune ou d'un capital de 1 à 2 millions de francs, on trouve peut-être que je n'ai pas poussé mes estimations assez haut, ou que j'aurais dû augmenter le nombre des familles qui jouissent de ces grands revenus. Cependant, je crois qu'en admettant en moyenne, par département, 70 familles possédant au delà de 25,000 fr. de revenus, bon an, mal an, l'on ne commet pas une grande erreur.

A la vérité, depuis quelques années, beaucoup de personnes ont réalisé, avec une étonnante facilité, des gains et des fortunes considérables; et le simple millionnaire est devenu assez commun. Les grandes entreprises, les heureuses spéculations, ont contribué certainement à ces succès financiers; cependant il est indubitable que la frénésie d'agiotage, qui s'est emparée de toutes les classes de la société, y a aidé pour une large part. Et comme les jeux de bourse, en donnant la fortune à quelques-uns, causent la ruine de beaucoup d'autres; ces jeux déplacent les capitaux, mais n'augmentent pas la richesse générale du pays.

Aussi, en estimant les revenus probables d'un impôt, il faut éviter de se baser sur des faits qui ne sont peut-être que le résultat d'une époque et d'une situation exceptionnelles et passagères. Et, bien qu'il soit facile aujourd'hui de faire rendre aux capitaux 6 % et davantage, il ne faudrait pas trop compter sur le maintien d'un tel état de choses, surtout lorsqu'il s'agit de matières imposables

Au reste, si mes estimations pour les forts revenus étaient au-dessous

Ainsi les 1,327,000 familles, jouissant d'un revenu annuel de 2,000 fr. à 60,000 fr., paieront, à raison de 3 %, la somme de 111,600,000 fr.

En admettant maintenant pour toute la France une production annuelle de 12 milliards, nous trouvons qu'il y a 1,327,000 familles qui produisent pour 3,720 millions de francs, ou chacune pour 2,803 fr. par an; et les autres 6,673,000 familles produiront pour 8,180 millions de francs ou chacune en moyenne, pour 1,225 fr. par an.

Mais 12 milliards de production régulière, pour chaque année, me paraissent une somme exagérée; en la réduisant à 10 milliards, comme moyenne de plusieurs années, on sera plus près de la vérité; dans ce cas nous trouvons pour 1 1/3 millions de familles une production moyenne pour chacune d'elles, de 2,700 fr.; et pour 6 2/3 millions de familles, une moyenne de 960 fr. par an.

On voit, d'après cela, combien il serait important d'être bien fixé à ce sujet; car en admettant mes estimations comme justes, il en résulterait évidemment que si tous les impôts étaient abolis et remplacés par un impôt unique sur le revenu, ce changement porterait le plus grand préjudice aux classes pauvres.

de la réalité, cette erreur ne ferait que confirmer et justifier ce que je dis de la nécessité d'établir cet impôt, et ne pourrait que faiblement modifier mes conclusions.

En effet, en supposant la production totale de la France de 12 milliards de francs (probablement exagérée), cela ferait pour un budget de 1500 millions 12 1/2 %, et 15 % si la production n'était que de 10 milliards. Mais, à mon avis, on ne pourrait même admettre que 8 milliards, lorsqu'il s'agirait du *revenu imposable*, et alors ce serait de 20 % qu'il faudrait taxer le revenu.

Par conséquent, le petit cultivateur ou l'ouvrier qui gagne aujourd'hui 400 fr. par an, serait obligé de payer 80 fr. de contributions, et ceux gagnant 1000 fr. devraient payer 200 fr.; évidemment ce serait impossible.

D'un autre côté, pour peu qu'on voulût faire des exceptions ou établir des catégories, l'on arriverait à imposer les revenus au-dessus de 12 à 1500 fr., à 50 %, ou, en d'autres termes, on les réduirait de moitié, ce qui serait également impraticable.

Mais si l'on établissait un impôt de 3 % sur le revenu, en exceptant les revenus de 1500 fr. et au-dessous (si mes estimations ne sont pas trop basses), on donnerait au peuple la démonstration la plus concluante et la plus évidente que la partie aisée de la population supporte tout ce qu'on peut exiger d'elle dans la répartition des impôts, et que s'il faut de nouveaux allégements dans les charges du pauvre, ce n'est pas chez les riches qu'on peut les trouver, mais qu'il faut, dans ce cas, s'adresser au grand nombre de familles qui ne jouissent que d'un revenu de 800 à 2400 fr., puisque ces familles forment l'immense majorité de la population.

Je pense donc qu'il serait difficile d'établir un impôt plus utile et plus opportun qu'un impôt sur le revenu; car outre que cet impôt permettra d'atteindre une foule de gens riches ou gagnant beaucoup, qui, aujourd'hui, échappent au fisc, il servira encore à éclairer tout le monde sur la situation matérielle du pays, et par là on porterait probablement un coup mortel au mauvais socialisme, qui, en l'absence de chiffres, peut continuer à égarer à la sourdine les masses, en exagérant l'importance des erreurs et des abus.

Au contraire, en faisant luire la vérité sur toutes choses, l'on prévient les erreurs, et l'on arrive plus facilement et plus sûrement à l'union des partis.

On objecte à l'impôt sur le revenu sa forme inquisitoriale, mais c'est à tort; car, dans le commerce, dans l'industrie, comme dans tous les états, quand on veut connaître la position de fortune de quelqu'un, les renseignements ne manquent pas, et à 300 lieues de distance, nous savons, en peu de temps, à quoi nous en tenir sur la solvabilité des personnes qui nous intéressent.

D'ailleurs, cet impôt existe et fonctionne en Angleterre et en d'autres pays ; à Bâle, la ville la plus riche et la plus aristocratique de la Suisse, et où l'on aime beaucoup à conserver le secret de ses affaires, on a établi depuis 1840, non pas l'*impôt proportionnel*, mais bien l'*impôt progressif* sur le revenu.

Pour un revenu de	400 à 800 fr.,	on y paie	1/2 %
Idem	800 à 3000 fr.	»	1 %
Idem	3000 à 6000 fr.	»	2 %
Idem	6000 et au-dessus	»	3 %

Pourquoi n'établirions-nous donc pas cet impôt chez nous, surtout quand il peut avoir une portée aussi utile et aussi avantageuse ?

Soyons-en bien certains, du moment que le peuple verra qu'il règne dans les impôts une juste équité, il ne criera plus comme naguère *à bas les riches*, mais plutôt *vivent les riches!* En effet, lorsque l'homme opulent n'acquiert pas sa fortune au détriment de ses concitoyens (et une bonne législation peut et doit l'en empêcher), un pays est bien heureux quand il possède beaucoup de riches.

Pour développer la richesse, il faut stimuler dans chacun l'amour du travail et de la production ; et pour qu'il y ait beaucoup de travail et de production, il faut *encourager et développer l'agriculture, l'industrie et le commerce.*

FIN.

TABLE DES MATIÈRES.

www.ingramcontent.com/pod-product-compliance
Ingram Content Group UK Ltd.
Pitfield, Milton Keynes, MK11 3LW, UK
UKHW012029240726
13965UKWH00002B/660

9 782013 558266